Größen und Messen 3/4 – kompetenzorientiert!

Unterrichtssequenzen, gute Aufgaben, Materialien

Walter Koch
Heinz Wagner

Oldenbourg Schulbuchverlag, München

Inhaltsverzeichnis

Vorwort 4

Übersicht über die prozessbezogenen Kompetenzen 5

Kompetenzraster für den Bereich „Größen und Messen“ in den Jahrgangsstufen 3 und 4 6

1 Längen 8

1.1 Messen mit selbst gewählten Längen 8
KV 1 Schätzen und Messen mit Körpermaßen 9
KV 2 Brief 10
KV 3 Wir schätzen und messen im Klassenzimmer (Anforderungsniveau 1) 10
KV 4 Wir schätzen und messen im Klassenzimmer (Anforderungsniveau 2) 11
KV 5 Wir schätzen und messen im Klassenzimmer (Anforderungsniveau 3) 12

1.2 Messen mit genormten Maßeinheiten 13
KV 1 Schätzen und messen (Anforderungsniveau 1) 16
KV 2 Schätzen und messen (Anforderungsniveau 2) 16
KV 3 Schätzen und messen (Anforderungsniveau 3) 16

2 Geld: Die Geburtstagsparty (eine offene Sachrechengeschichte) 17

KV 1 Kopfrechenblatt (leistungsstärkere Schüler) 19
KV 2 Kopfrechenblatt (leistungsschwächere Schüler) 19
KV 3 Preisliste Supermarkt (leistungsstärkere Schüler) 20
KV 4 Preisliste Supermarkt (leistungsschwächere Schüler) 21
KV 5 Planungshilfen 22
KV 6 Partyzubehör (leistungsstärkere Schüler) 23
KV 7 Partyzubehör (leistungsschwächere Schüler) 24

3 Zeit 25

3.1 Mein Forscherheft zum Thema Zeit 25
KV 1 Mein Forscherheft zur Zeit 26
KV 2 Forscherkarte 32

3.2 Fermi-Aufgaben zum Thema Zeit 33
KV 1 Fermi-Aufgabe 1: Dauer des Schulwegs 36
KV 2 Fermi-Aufgabe 2: Stau auf der Autobahn 38
KV 3 Fermi-Aufgabe 3: Buchstabenhaufen 39
KV 4 Fermi-Aufgabe 4: Zeit in der Schule 40

4 Hohlmaße 41

4.1 Diagnostik 44
KV 1 Hohlmaße Lernstandsdiagnose 44
KV 2 Überprüfungstest 45

4.2 Förderung 46
KV 1 Mein Forscherheft zu den Hohlmaßen 46
KV 2 Forscherkarte 51

5 Gewichte (Lerntheke) 52

KV 1 Laufzettel Lerntheke Gewichte 54
KV 2 Wie schwer sind die Inhalte deiner Schultasche? 55
KV 3 Gewichtsexperte 56
KV 4 Gewichte vergleichen 57
KV 5 Rechne mit g, kg und t (differenziert) 58
KV 6 Spiel: Paare suchen (differenziert) 60
KV 7 Gewichte ordnen 61
KV 8 Immer 3! 62
KV 9 Schätzen und wiegen 62
KV 10 Ergänze die richtige Gewichtseinheit 63
KV 11 Rechenpyramiden (differenziert) 64
KV 12 Rechengeschichten 66
KV 13 Knobelaufgabe 66
KV 14 Gewichte-Domino 67

6 Portfolio: Meine letzte Seite 68

KV 1 Größen und Messen: Was gehört zusammen? 68
KV 2 Portfolio Selbsteinschätzungsbogen 69

Literaturverzeichnis 72

Vorwort

Liebe Kollegin, lieber Kollege,

im vorliegenden Band „Größen und Messen" für die Jahrgangsstufen 3 und 4 möchten wir Ihnen auf der Grundlage eines von uns entwickelten Kompetenzrasters für die inhaltlichen Bereiche Längen, Geld, Zeit, Hohlmaße und Gewichte exemplarische Anregungen geben. Wir sind uns bewusst, dass wir aufgrund des begrenzten Umfanges die einzelnen Kompetenzstufen nicht vollumfassend darstellen können. Aus diesem Grund haben wir uns dazu entschlossen, aus dem Teilbereich Geld mindestens eine unterrichtliche Ausgestaltung anzubieten. In den Bereichen Längen, Gewichte, Zeit und Hohlmaße decken wir mehrere Kompetenzstufen exemplarisch ab. Im Kompetenzraster auf Seite 6 sind diese bearbeiteten Kompetenzstufen besonders hervorgehoben.

Neben den in den Bildungsstandards aufgeführten inhaltlichen Kompetenzen legen wir in unseren Ausführungen ein besonderes Augenmerk auf die prozessbezogenen Kompetenzen der Schüler (wie z. B. das Fragen stellen, Argumentieren, Begründen, Präsentieren ...). Somit kommen wir den Forderungen der aktuell gültigen Lehrpläne für die Grundschule nach.

„Gute Aufgaben" stellen die Grundlage der Stundenbilder dar und zeichnen sich unserer Meinung nach aus durch:

- vielfältige Kommunikationsanlässe in den verschiedenen Sozialformen,
- den Lebensweltbezug der Aufgaben in der Ausgangssituation, die den Einbezug individuellen Vorwissens der Schüler ermöglichen,
- bewusste (Zwischen-)Reflexionsphasen,
- Möglichkeiten der Differenzierung,
- Versprachlichung und Präsentation der unterschiedlichen Lernwege und der Lernergebnisse,
- Möglichkeiten der methodischen Variation in kooperativen Lernformen.

Nicht jede der in diesem Werk aufgeführten „Guten Aufgaben" kann jedoch zugleich alle Kriterien erfüllen.

Wir wünschen Ihnen viel Erfolg bei der praktischen Umsetzung der vorgestellten Inhalte und den Schülerinnen und Schülern durch die vielfältigen Differenzierungsmöglichkeiten eine optimale Förderung.

Walter Koch Heinz Wagner

Walter Koch ist KR a. D. und Lehrbeauftragter für Didaktik Englisch an der Universität Regensburg. Heinz Wagner ist Seminarrektor im Regierungsbezirk Niederbayern und in der Lehrerfortbildung aktiv.

Übersicht über die prozessbezogenen Kompetenzen

	Argumentieren	Kommunizieren	Problemlösen	Darstellen	Modellieren
1 Längen					
1.1 Messen mit selbst gewählten Längen	✗	✗	✗	✗	
1.2 Messen mit genormten Maßeinheiten	✗	✗	✗	✗	
2 Geld: Die Geburtstagsparty (eine offene Sachrechengeschichte)	✗	✗	✗	✗	
3 Zeit					
3.1 Mein Forscherheft zur Zeit	✗	✗	✗	✗	✗
3.2 Fermi-Aufgaben zum Thema Zeit	✗	✗	✗	✗	✗
4 Hohlmaße					
4.1 Diagnostik			✗	✗	
4.2 Förderung	✗	✗	✗	✗	✗
5 Gewichte (Lerntheke)	✗	✗	✗	✗	✗

Kompetenzraster für den Bereich „Größen und Messen" in den Jahrgangsstufen 3 und 4

Hinweis: Die **fett** markieren Teilkompetenzen werden im Gesamtwerk aufgeführt.

Längen (jeweils für mm, cm, m und km)	Geld	Zeit	Hohlmaße	Gewichte
Ich kann mit selbst gewählten Längen messen.	Ich kann Geldbeträge schätzen.	**Ich kann Zeitspannen schätzen.**	**Ich kann mit selbst gewählten Maßeinheiten (z. B. mit Gefäßen) Hohlmaße messen.**	**Ich kenne unterschiedliche Waagen, kann Gewichte ablesen und realitätsbezogen zuordnen.**
Ich kann (mit dem Lineal/Geodreieck) genormte Maßeinheiten messen.	Ich kann Geld mit unterschiedlichen Münzen/Scheinen legen und darstellen.	**Ich kann Zeiten messen.**	**Ich kann genormte Hohlmaße realistisch schätzen und zuordnen.**	**Ich kann Gewichte schätzen und wiegen.**
Ich kann Längen realistisch abschätzen.	Ich kann Geldbeträge in Kommaschreibweise darstellen.	**Ich kann Zeitspannen in unterschiedlichen Darstellungsformen notieren.**	**Ich kann mit genormten Hohlmaßen messen und diese ablesen.**	**Ich kann Gewichte in einfachen Bruchzahlen notieren.**
Ich kann Längen umrechnen.	Ich kann Geldbeträge umrechnen.	**Ich kann Zeit in einfachen Bruchzahlen notieren und damit rechnen.**	**Ich kann Hohlmaße in einfachen Bruchzahlen notieren.**	**Ich kann Gewichte in unterschiedlichen Schreibweisen darstellen und umrechnen.**
Ich kann Längen in unterschiedlicher Schreibweise darstellen.	Ich kann Geldbeträge runden und überschlagen.	**Ich kann Uhrzeiten korrekt ablesen.**	**Ich kann Hohlmaße umrechnen und in verschiedenen Darstellungsformen notieren.**	Ich kann mit Gewichten rechnen.
Ich kann mit Längen rechnen.	**Ich kann mit (genauen und gerundeten) Geldbeträgen rechnen.**	**Ich kann Zeitspannen, Anfangs- und Endzeitpunkte berechnen.**	**Ich kann mit Hohlmaßen rechnen.**	Ich kann Gewichte mit Hohlmaße in Beziehung setzen.
Ich kann Sach- und Fermi-Aufgaben zu Längen lösen, darstellen und erklären.	Ich kann Sach- und FERMI-Aufgaben zum Thema Geld lösen, darstellen und erklären.	**Ich kann Sach- und FERMI-Aufgaben zur Zeit lösen, darstellen und erklären.**	Ich kann Sach- und FERMI-Aufgaben zu Hohlmaßen lösen, darstellen und erklären.	Ich kann Sach- und FERMI-Aufgaben zu Gewichten lösen, darstellen und erklären.

Erläuterungen zum angebotenen Kompetenzraster

Zu unserem Kompetenzraster ist Folgendes anzumerken:

- Es beinhaltet alle wesentlichen Kenntnisse und Fähigkeiten, die in den Bildungsstandards und gängigen Grundschullehrplänen von den Schülern der 3. und 4. Jahrgangsstufe gefordert sind.
- Die einzelnen Kompetenzstufen gehen fließend ineinander über.
- Das vorgestellte Kompetenzstufenmodell ist eine Möglichkeit im Bereich der Größen, um die aufeinander aufbauenden Kompetenzen sukzessive zu erweitern.
- Alle inhaltlichen Kompetenzen werden kontinuierlich von den prozessbezogenen Kompetenzen (z. B. Fragen stellen, argumentieren, begründen, vergleichen, präsentieren ...) begleitet und unterstützt.
- Die Auswahl unserer Aufgabenformate hat sich an den Kriterien „guter Aufgaben" orientiert.
- Eine Kompetenzstufe entspricht in keinem Fall einer Unterrichtseinheit, sondern erstreckt sich je nach Leistungsstand der Klasse auf mehrere Unterrichtsstunden.
- Dieses Kompetenzstufenmodell kann sowohl innerhalb eines Schuljahres (z. B. zu einzelnen Bereichen wie Längen oder Zeit) als auch im Verlauf von zwei Jahrgangsstufen (über alle Bereiche hinweg) zur Anwendung kommen.
- Das Kompetenzraster bietet den Lehrkräften eine Orientierungshilfe bzgl. des Leistungsstandes einzelner Schüler und dient als Übersicht für noch ausstehende Wissens- und Könnens-Stufen zur Differenzierung.
- Zu empfehlen sind diagnostische Erhebungen zu Beginn und während des Lernprozesses der Kinder (vgl. das Beispiel im Kapitel Hohlmaße), um die unterrichtliche Lern- und Übungszeit effektiv planen und gestalten zu können.
- In differenzierten und überwiegend offenen Lernformen erhalten die Schüler individuell abgestimmte Materialien (vgl. Lerntheke Gewichte).
- Die exemplarisch dargestellten Forscherhefte dienen dem handlungsorientierten Zugang der Schüler zu den Lerninhalten und stellen zugleich eine Merkhilfe dar.
- Die Forscherhefte aus den Bereichen Hohlmaße und Zeit können in ähnlicher Form auf die anderen Größenbereiche übertragen werden.

1 Längen

1.1 Messen mit selbst gewählten Längen

Kompetenzen

- ▶ **Argumentieren**
- ▶ **Kommunizieren**
- ▶ **Problemlösen**
- ▶ **Darstellen**

Kompetenzerwartung: Messen mit selbst gewählten Maßeinheiten

Material: KV 1 Schätzen und Messen mit Körpermaßen, KV 2 Brief, KV 3 Wir schätzen und messen im Klassenzimmer (Anforderungsniveau 1), KV 4 Wir schätzen und messen im Klassenzimmer (Anforderungsniveau 2), KV 5 Wir schätzen und messen im Klassenzimmer (Anforderungsniveau 3)

Lernvoraussetzungen

Es sollten zunächst die Körpermaße wie z. B. Fuß, Elle, Handbreite, Schritt ... begrifflich geklärt werden.

Durchführung

Initiation

Ausgangspunkt ist die folgende Problemsituation: Die Gemeinde kauft neue Möbel für das Klassenzimmer und benötigt dringend entsprechende Informationen über die Länge des Klassenzimmers, des Lehrerpults, der Tafel, der Schülerbänke, die Schränke ... Diese Forderung der Gemeinde wird den Schülern im Kinositz vor der Tafel als Brieftext vorgestellt.

Zielangabe

Wir (ver)messen unser Klassenzimmer.
Die Kinder schlagen unterschiedliche Lösungsmöglichkeiten für Körpermaße vor, die im Tafelbild gesammelt werden. Die Kinder erhalten nun in EA eine Tabelle, in der sie ihre geschätzten und später gemessenen Längen (mithilfe der erarbeiteten Körpermaße) eintragen können (KV 1). Die Ergebnisse vergleichen die Schüler dann mit ihrem Banknachbarn (PA), kommen zu gleichen oder unterschiedlichen Bewertungen und überlegen sich Gründe für die Unterschiede.

Arbeitsphase

Anforderungsniveau I

Die Kinder messen den Klassenraum (Länge und Breite) mit Schritten und Fußlängen aus.

Anforderungsniveau II

Die Kinder messen die Tafelbreite, der Schränke und Bänke des Klassenraumes mit Elle, Handbreite und Fingerspanne aus.

Anforderungsniveau III

Die Kinder messen kleinere Gegenstände im Klassenzimmer wie z. B. das Bücherregal, Lernboxen, Malschachteln etc. mit Handbreite, Fingerspanne, Daumenbreite aus.

Die Kinder halten ihre Ergebnisse auf den Kopiervorlagen 3 bis 5 fest. Anschließend treffen sie sich in Gruppen gleichen Anforderungsniveaus mit bis zu 6 Schülern und notieren ihre Ergebnisse zu den einzelnen Körpermaßen auf einem Plakat.

Reflexion

Die Plakate werden von den einzelnen Gruppen im Plenum präsentiert. Sie bieten Anlass zur Diskussion über die unterschiedlichen Ergebnisse. Die Notwendigkeit eines einheitlichen genormten Maßes wird deutlich und von den Kindern begründet. Mit Sicherheit ist den Schülern die Bezeichnung 1 Meter bereits geläufig. Gegenstände aus dem Klassenzimmer, die etwa 1 m lang sind werden geschätzt. Im Anschluss werden der Meterstab, der Zollstock oder das Maßband vorgestellt. Die Vorerfahrungen der Schüler (Vorkenntnisse über die Einteilung des Meters in cm (ggf. mm) und die entsprechende farbliche Kennzeichnung) sollten dabei unbedingt berücksichtigt und die Vergleichsgröße 1 m = 100 cm an der Tafel fixiert werden.

Möglichkeiten zur Weiterarbeit

Anhand der Fragestellung: „Wie wird im Fußballspiel der Abstand von 9,15 m vom Freistoßpunkt zur Abwehrmauer gemessen?“ können die Kinder weiter am Thema arbeiten.

Name: Datum:

Schätzen und Messen mit Körpermaßen

Gegenstand	Fußlänge		Ellbogen		Fingerspanne		Handbreite		Daumenbreite	
	geschätzt	gemessen	geschätzt	gemessen	geschätzt	gemessen	geschätzt	gemessen	geschätzt	gemessen
Tisch										
Klassen-zimmerlänge										
Klassen-zimmerbreite										
Tafelbreite										

Name: Datum:

Brieftext

Liebe Schüler/innen der Grundschule Geldhausen,

die Gemeinde hat eine Überraschung für euch, die wir über eure Klassenlehrerin Frau Schlau überbringen möchten: Der Stadtrat von Geldhausen hat beschlossen, dass ihr neue Möbel für euer Klassenzimmer bekommt (neue Tische, Bänke und Stühle, ein Whiteboard anstelle der alten Tafel, ein neues Lehrerpult und neue Schränke und Regale). Wir brauchen von euch aber die genauen Maße des Klassenzimmers (Länge, Breite und Höhe des Raumes und der oben genannten Möbel), um die Möbel in Auftrag geben zu können. Bitte teilt uns bald die benötigten Maße mit, damit ihr euch schon bald im neu eingerichteten Klassenzimmer wohl fühlen könnt.

Euer Bürgermeister

Georg Großherz

Name: Datum:

Wir schätzen und messen im Klassenzimmer (Anforderungsniveau 1)

1. Schätze, wie viele Schritt- und Fußlängen du benötigst, um die Länge (von der Tafel bis zur hinteren Wand) und die Breite (vom Fenster bis zur Klassenzimmertür) abzugehen. Trage deine Schätzung in die Spalte „geschätzt“ ein, bevor du misst.
2. Miss mithilfe der Körpermaße genau und trage deine Ergebnisse in die Spalte „gemessen“ der Tabelle ein.

Körpermaß	Länge des Klassenzimmers		Breite des Klassenzimmers	
	geschätzt	gemessen	geschätzt	gemessen
Schritte				
Fußlängen				

3. Vergleiche deine gemessenen Ergebnisse mit denen deines Banknachbarn und besprecht, was euch auffällt.
4. Bei unterschiedlichen Ergebnissen: Sucht Gründe dafür.
5. Für Schnelle: Schätzt und messt mit Körpermaßen, wie lang der Flur vor eurem Klassenzimmer ist.

© 2015 Cornelsen Schulverlage GmbH, Berlin.
Alle Rechte vorbehalten.

Name: Datum:

Wir schätzen und messen im Klassenzimmer (Anforderungsniveau 2)

1. Schätze, wie viele Ellen, Handbreiten und Fingerspannen du benötigst, um die Tafel, den Schrank und die Bank in deinem Klassenzimmer ausmessen zu können. Trage deine Schätzung in die Spalte „geschätzt" ein, bevor du misst.
2. Miss mithilfe der Körpermaße genau und trage deine Ergebnisse in die Spalte „gemessen" der Tabelle ein.

Körpermaß	Breite der Tafel		Höhe der Tafel	
	geschätzt	gemessen	geschätzt	gemessen
Elle				
Fingerspanne				
Handbreite				

Körpermaß	Länge des Schrankes		Breite des Schrankes		Höhe des Schrankes	
	geschätzt	gemessen	geschätzt	gemessen	geschätzt	gemessen
Elle						
Fingerspanne						
Handbreite						

Körpermaß	Länge der Bänke		Breite der Bänke		Höhe der Bänke	
	geschätzt	gemessen	geschätzt	gemessen	geschätzt	gemessen
Elle						
Fingerspanne						
Handbreite						

3. Vergleiche deine gemessenen Ergebnisse mit denen deines Banknachbarn. Besprecht, was euch auffällt.
4. Sucht Gründe für die Unterschiede.
5. Für Schnelle: Schätzt und messt mit Körpermaßen die Länge, Breite und Höhe eurer Regale. Tragt sie in eine selbst erstellte Tabelle ein.

Name: Datum:

Wir schätzen und messen im Klassenzimmer (Anforderungsniveau 3)

1. Schätze, wie viele Handbreiten, Fingerspannen und Daumenbreiten du benötigst, um die Lernboxen, Malschachteln und Regale in deinem Klassenzimmer ausmessen zu können. Trage deine Schätzung in die Spalte „geschätzt" ein, bevor du misst.

2. Miss mithilfe der Körpermaße genau und trage deine Ergebnisse in die Spalte „gemessen" der Tabelle ein.

Körpermaß	**Länge der Lernbox**		**Breite der Lernbox**		**Höhe der Lernbox**	
	geschätzt	gemessen	geschätzt	gemessen	geschätzt	gemessen
Fingerspanne						
Handbreite						
Daumenbreite						

Körpermaß	**Länge der Malschachtel**		**Breite der Malschachtel**		**Höhe der Malschachtel**	
	geschätzt	gemessen	geschätzt	gemessen	geschätzt	gemessen
Fingerspanne						
Handbreite						
Daumenbreite						

Körpermaß	**Länge des Regals**		**Breite des Regals**		**Höhe des Regals**	
	geschätzt	gemessen	geschätzt	gemessen	geschätzt	gemessen
Fingerspanne						
Handbreite						
Daumenbreite						

3. Vergleiche deine gemessenen Ergebnisse mit denen deines Banknachbarn. Besprecht, was euch auffällt.

4. Sucht Gründe für die Unterschiede.

5. Für Schnelle: Schätzt und messt weitere kleinere Gegenstände aus dem Klassenzimmer und tragt sie in eine selbst erstellte Tabelle ein.

1.2 Messen mit genormten Maßeinheiten

Kompetenzen

- **Argumentieren**
- **Kommunizieren**
- **Problemlösen**
- **Darstellen**

Kompetenzerwartung: Messen mit genormten Maßeinheiten

Material: Maßbänder, Meterstäbe, Papiermeter, Tafellineal (1 m), Geodreieck, Kinder-Lineal, KV 1 Schätzen und messen (Anforderungsniveau 1), KV 2 Schätzen und messen (Anforderungsniveau 2), KV 3 Schätzen und messen (Anforderungsniveau 3), Forscherkarte, Tafelbild

Lernvoraussetzungen

Die Kinder sollten unterschiedliche Messgeräte für Längen kennen sowie die Umrechnungszahl für Meter/Zentimeter (1 m = 100 cm).

Durchführung

Initiation

Zunächst wird in der Gruppe die genormte Maßeinheit „Meter" aufgegriffen. Die Kinder benennen verschiedene Messgeräte und begründen wiederholend die Notwendigkeit genormter Maßeinheiten von m und cm.

Arbeitsphase

Die Schüler bearbeiten unterschiedliche Arbeitsaufträge differenziert nach Leistungsniveau.

Anforderungsniveau I

Die Kinder schätzen zuerst die Länge der zu messenden Angaben und tragen ihre Schätzwerte auf dem Arbeitsblatt ein (KV 1). Die Schüler vermessen die Länge und Breite des Klassenzimmers sowie große Möbel des Raumes mit dem Maßband und tragen ihre Ergebnisse in der Spalte „gemessen" ein.

Anforderungsniveau II

Die Kinder schätzen die Länge der zu messenden Angaben und übertragen die Schätzungen auf das Arbeitsblatt (KV 2). Die Schüler legen 1 m lange Papierstreifen nacheinander aus, vermessen die gleichen Gegenstände und das Klassenzimmer und übertragen ihre Ergebnisse.

Anforderungsniveau III

Die Kinder schätzen die Länge der zu messenden Angaben und übertragen die Schätzungen auf das Arbeitsblatt (KV 3). Die Schüler vermessen die gleichen Gegenstände und das Klassenzimmer, jedoch mit dem Meterstab und übertragen ihre Ergebnisse.

Die Kinder treffen sich in Gruppen gleicher Anforderungsniveaus und erstellen zu ihren Ergebnissen Plakate.

Reflexion

Nach Beendigung der Arbeitsphase kommen die Schüler mit ihren Ergebnissen in den Kinositz vor die Tafel. Dort präsentieren die einzelnen Gruppen den anderen Kindern ihre Ergebnisse. Nun haben alle Kinder die gleichen Längen festgestellt, verbalisieren und begründen diese Erkenntnis.

Ausweitung

Die Vergleichsgröße 1 cm (für kleine Längen, für kleine Gegenstände) entspricht 2 Kästchen im Rechenheft. Wie lang ist dann 1 Kästchen? Hier können die Kinder auf 1/2 cm oder 0,5 cm oder 5 mm kommen und dabei die Bruchdarstellung, die Kommaschreibweise und/oder die kleinere Einheit mm kennenlernen (10 mm = 1 cm).

Möglichkeiten zur Weiterarbeit

In einem Forschertagebuch können die Schüler weitere Entdeckungen des Schulhauses und des Klassenzimmers sowie der eigenen Schultasche ausmessen und die Schätzlängen sowie die gemessenen Längen (auf cm oder mm genau) eintragen. Es ist eine Ausweitung der Längen auf 1 km (Abgehen und Abmessen des Kilometers mit dem Meterrad) möglich.

Einsatz der Forscherkarte

Forscherkarte Längen

1 km = 1000 m	1 m = 100 cm	1 cm = 10 mm	
↗	↗	↗	
1,000 km	1,00 m	1,0 cm	Was fällt dir auf?

____

Tafelbild

Ich vermute:
- Meterstab
- Schritte
- ...

Wie können wir unser Klassenzimmer (genau) vermessen?

Körpermaße	einheitliches Längenmaß	
 (1 m = 100 cm)	Meterstab, Metermaß, Zollstock, Lineal ... 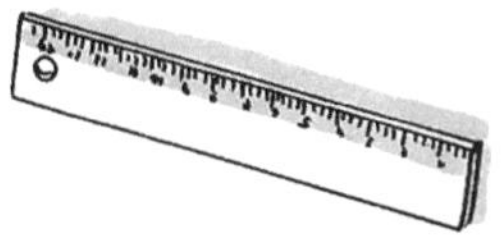	Plakat Gruppe 1
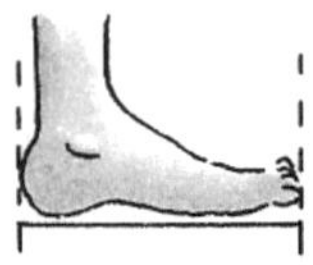	Zum genauen Messen benötigen wir ein einheitliches Maß. Das Ergebnis ist dann für alle gleich.	Plakat Gruppe 2
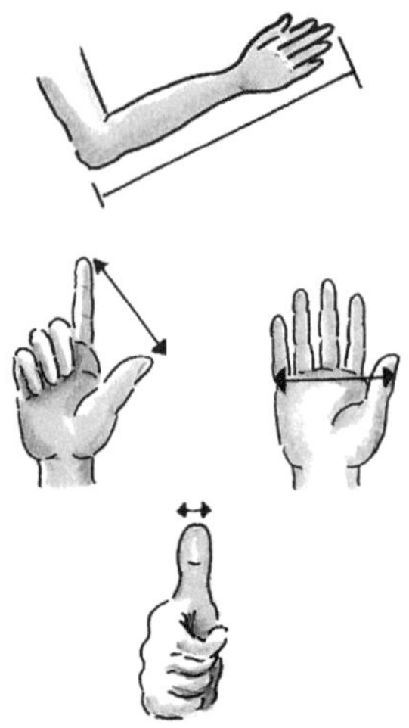	Mit Körpermaßen kommen wir zu unterschiedlichen Ergebnissen.	Plakat Gruppe 3

Exemplarische Fördermöglichkeiten im Bereich der Längen (Schätzen und Messen)

- Körpermessinstrumente: Filmeinsatz, Bilddokumentation, Textausschnitte (gelesen oder vorgelesen mit entsprechenden Körpermaßen früherer Zeit)
- Verdeutlichung der Ungenauigkeit gleicher Messvorgänge durch individuell verschiedene Fingerspannen, Ellen oder Schritte (z. B. Ausschneiden dieser Längen und Übereinanderlegen, durch Vergleich im Tafelbild ...)
- Bewusstmachung der Unterschiede einzelner Messvorgänge in Tabellenübersicht (farbliche Kennzeichnung von Extremabweichungen)
- Klärung und Visualisierung des exakten Ansatzpunktes (Beginn des Messens)
- Vergleich verschiedener genormter Messinstrumente (z. B. Meterstab, Lehrerlineal, Maßband, Papiermeter aus Möbelhäusern etc.)
- Verdeutlichung mit anschließender Erkenntnis, dass die Meter-, Zentimeter- und Millimeterabstände aller genormten Messinstrumente gleich sind
- Ausmessen eines Raumes oder Gegenstandes mit unterschiedlichen genormten Messinstrumenten (Erkenntnis: Die Messergebnisse sind identisch!)
- Notation von Schätzungen der Länge eines Kilometers (anhand signifikanter Bauwerke des Ortes) und Abgleich durch das Abgehen mithilfe des Meterrades
- Verdeutlichung von 400 m durch die Laufbahn im Stadion, von 50 m und 100 m durch die Linienabgrenzung der Laufbahn
- Schätzen von Längen und Abgleich mit dem Tachometer am Fahrrad
- Schätzen der Länge eines Geodreiecks und Abgleich durch Messen (die tatsächliche Länge kann sowohl in mm, cm als auch als Kommazahl in m notiert werden!)
- Abgleich von gezeichneten Strecken auf dem Millimeterpapier mit dem Lineal
- Verdeutlichung: Die Anzahl der Stellen nach dem Komma entspricht der Umrechnungszahl (10, 100, 1000) der jeweiligen Größe (siehe Forscherkarte)

Name: Datum:

Schätzen und messen (Anforderungsniveau 1)

1. Schätze zunächst und trage die Schätzungen in die Tabelle ein.
2. Miss dann mit dem Maßband genau und trage deine Ergebnisse ebenfalls in die Tabelle ein.

	geschätzt	**gemessen**
Länge / Breite des Klassenraums		
Höhe / Breite der Tafel		
Höhe / Länge der Bank		

Name: Datum:

Schätzen und messen (Anforderungsniveau 2)

1. Schätze zunächst und trage die Schätzungen in die Tabelle ein.
2. Miss dann mit dem Papierstreifen (1 m Länge) und trage deine Ergebnisse ebenfalls in die Tabelle ein.

	geschätzt	**gemessen**
Länge / Breite des Klassenraums		
Höhe / Breite der Tafel		
Höhe / Länge der Bank		

Name: Datum:

Schätzen und messen (Anforderungsniveau 3)

1. Schätze zunächst und trage die Schätzungen in die Tabelle ein.
2. Miss dann mit dem Meterstab und trage deine Ergebnisse ebenfalls in die Tabelle ein.

	geschätzt	**gemessen**
Länge / Breite des Klassenraums		
Höhe / Breite der Tafel		
Höhe / Länge der Bank		

2 Geld: Die Geburtstagsparty (eine offene Sachrechengeschichte)

Kompetenzen

- Argumentieren
- Kommunizieren
- Problemlösen
- Darstellen

Kompetenzerwartung: Rechnen mit gerundeten und genauen Geldbeträgen

Material: Tafelbild, KV 1 Kopfrechenblatt (leistungsstärkere Schüler), KV 2 Kopfrechenblatt (leistungsschwächere Schüler), KV 3 Preisliste Supermarkt (leistungsstärkere Schüler), KV 4 Preisliste Supermarkt (leistungsschwächere Schüler), KV 5 Planungshilfen, KV 6 Partyzubehör (leistungsstärkere Schüler), KV 7 Partyzubehör (leistungsschwächere Schüler)

Lernvoraussetzungen

Das Thema „Geburtstagsparty" wendet die vorangegangenen Kompetenzstufen in einer Situation aus der Lebenswelt der Kinder an und verknüpft sie mit dem Mathematikunterricht. Ausgangspunkt ist der Kindergeburtstag, zu dem das Geburtstagskind bis zu fünf weitere Kinder aus der Klasse einladen darf und die Eltern 50 € zur Verfügung stellen. Die Schüler sind aufgefordert, die Geburtstagsparty zu planen, Getränke und Knabbereien einzukaufen und schließlich zu entscheiden, wie viele Kinder tatsächlich eingeladen werden sollen. Diese komplexe mathematische Aufgabenstellung soll schriftlich dargestellt werden, Überlegungen versprachlicht und Ergebnisse präsentiert werden. Dem Überschlagen und Runden kommt in dieser Aufgabenstellung eine besondere Stellung zu. Die vorhergehenden Kompetenzbereiche werden geübt, vertieft und gesichert. Sie kommen in einem Alltagsbezug zur Anwendung.

Durchführung

Inititation

Im Sitzkreis erläutert die Lehrkraft die motivierende Ausgangslage: Die Kinder dürfen ihre Geburtstagsparty mit einem Budget von 50 € planen und bis zu fünf weitere Kinder nach Hause einladen. In einer differenzierten Kopfrechenphase wiederholen die Schüler die Notationsweisen von Geldbeträgen und setzen diese zueinander in Relation (KV 1 und KV 2). Nach der Besprechung der Kopfrechenergebnisse, in der das Runden wiederholt und an der Tafel als Hilfestellung für die leistungsschwächeren Schüler visualisiert wird, werden im Plenum die ersten Fragen besprochen (Was wissen wir? Was benötigen wir für eine Geburtstagsfeier?) und an der Tafel / Flipchart notiert.

Zielangabe

Die Kinder planen eine Geburtstagsparty: Dazu gehört der Einkauf von Getränken und Knabbereien sowie die Entscheidung, wie viele Kinder tatsächlich eingeladen werden können.

Arbeitsphase

In Einzelarbeit erstellen die Kinder nun eine erste Übersicht über nötige Einkäufe und überlegen sich, wie viele Kinder sie einladen möchten. Mit dem Partner wird anschließend darüber diskutiert und es werden die ersten Ergebnisse verglichen. Die beiden Partner recherchieren nun anhand von Werbeflyern aus Supermärkten und von Getränkehändlern (Preislisten) (KV 3 und KV 4) die Preise für verschiedene Kisten alkoholfreier Getränke sowie für Knabbereien und Dekomaterialien (Pappteller, Becher, Luftballons etc.). Sie erstellen eine Übersicht (Tabelle) in KV 5 (Planungshilfe) über die Ausgaben für die Geburtstagsfeier. Dabei müssen die Kinder die unterschiedlichen Geldwerte in €, ct und in Kommadarstellung auf eine gemeinsame Schreibweise umrechnen und übersichtlich notieren. Die Anzahl benötigter Mengen wird geschätzt, der jeweilige Gesamtpreis überschlagen und diskutiert, ob die geplanten Einkäufe mit den 50 € zu verwirklichen sind bzw. für die Anzahl der geladenen Kinder ausreicht. Ebenso wird der Einzelflaschenpreis mit dem Kastenpreis verglichen bzw. der Literpreis berechnet, um die kostengünstigste Variante herauszufinden.

Reflexion

Sobald die Kinder fertig sind, tauschen sie ihre Ergebnisse mit einem anderen Schülerpaar aus und besprechen in der Kleingruppe die Umsetzbarkeit der beiden Pläne, berechnen jeweils den Gesamtpreis der Einkäufe und visualisieren auf einem Plakat ihre Überlegungen. Es können zwei unterschiedliche Ergebnisse herauskommen, da beide realisierbar und begründbar sind, oder die Gruppe einigt sich auf das „effektivere", kostengünstigere Modell von beiden und stellt dieses am Ende der ganzen Klasse vor.

Differenzierungen
Leistungsschwächere Schüler erhalten vorbereitete Materiallisten mit gleicher Schreibweise der Geldbeträge, leistungsstärkere Schüler berechnen evtl. vorhandenes Restgeld und überlegen sich, wie sich der Gesamtpreis mit jedem weiteren eingeladenen Kind verändern würde. Leistungsschwächere Schüler dürfen zusätzlich Spielgeld zum Legen oder andere Veranschaulichungshilfsmittel bei den Rechnungen verwenden.

Möglichkeiten zur Weiterarbeit

Weitere mögliche Fragestellungen für leistungsstärkere Schüler:

Einsatz der Forscherkarte

Bleibt Restgeld für Partyzubehör übrig? (KV 6 und 7 – in KV 7 sind die Geldbeträge für leistungsschwächere Schüler nur in der Kommaschreibweise aufgeführt)

- ▶ Gibt es die Möglichkeit, das beliebteste Getränk/ Essen nachzukaufen? Und wenn ja wie viel davon?
- ▶ Könnte das Geburtstagskind auch den Rest als Taschengeld behalten?
- ▶ Grafische Darstellung der Kosten bzgl. der steigenden Anzahl an Gästen

Die Forscherkarte *Geld* ist eine Hilfestellung für die Erarbeitung und stellt zugleich eine zusammenfassende Merkhilfe für den Gesamtkomplex „Rechnen mit Geld" dar.

Forscherkarte Geld

1 € = 100 ct	½ € = 50 ct	¼ € = 25 ct	¾ € = 75 ct	
1 € = 1,00 €	0,50 €	0,25 €	0,75 €	Was fällt dir auf?

Tafelbild

Was wissen wir?	Wir planen meine Geburtstagsfeier	Wir wiederholen das Runden
Es dürfen bis zu 5 Euro Gäste eingeladen werden. Es sind maximal 6 Kinder bei der Party dabei. Es stehen 50 Euro zur Verfügung. **Was benötigen wir für die Feier?** Getränke Knabbereien Deko-Material Spiele	Plakat Gruppe 1 Plakat Gruppe 2 Plakat Gruppe 3 Plakat Gruppe 4 Plakat Gruppe 5 Plakat Gruppe 6	Bei den Ziffern 0, 1, 2, 3, und 4 (hinter dem Komma) runde ich ab. Bei den Ziffern 5, 6, 7, 8 und 9 (hinter dem Komma) runde ich auf. Beispiel: 4,52 Euro ist rund 5 Euro ↓ aufrunden!

Name: Datum:

Kopfrechenblatt (differenziert)

1. Schreibe den Geldbetrag als Kommazahl.

167 ct = ______ 85 ct = ______ 2 ct = ______

2. Zeichne 7,54 € in möglichst wenig Scheinen und Münzen.

3. Runde auf volle €-Beträge:

1,49 € ______ 12,67 € ______ 3551 ct ______

4. Setze >, < oder = ein.

0 € 45 ct ______ 0,45 € 7901 ct ______ 79,10 €

5. Wandle in ct um.

1 € 7 ct = ______

Name: Datum:

Kopfrechenblatt (differenziert)

1. Schreibe den Geldbetrag als Kommazahl.

1 € 67 ct = ___,___ € 0 € 85 ct = ___,___ € 2 ct = ___,___ €

2. Zeichne 7,54 € in möglichst wenig Scheinen und Münzen.

3. Runde auf volle €-Beträge. Denke an die Rundungsregeln

1,**49** € ist rund ______ € 12,**67** € ist rund ______ €

35**51** ct (Rechne zuerst in € und ct um!) sind runde ______ €

4. Setze >, < oder = ein.

0,45 € ______ 0 € 45 ct 7901 ct ______ 79,10 €

5. Wandle in ct um. (Denke daran: 1 € = 100 ct): 1 € 7 ct = ______ ct

Name: Datum:

Preisliste Supermarkt (differenziert)

hast du zur Verfügung. Kaufe ein.

Kiste Wasser
(12 Flaschen à 0,7 l):
7,20 €

Kiste Wasser
(6 Flaschen à 1 l):
6,00 €

Wasserflasche
(einzeln 1,5 l):
125 ct

Kiste Limo (12 Flaschen à 0,5 l):
10 € 92 ct

Einzelflasche Limo (0,5 l):
0,95 €

Chipstüte (400 g): [illegible]

Chipstüte (250 g): [illegible] € 90 ct

Salzstangentüten (75 g): 95 ct

18 Tüten (à 150 g): 31,50 €

Name: Datum:

Preisliste Supermarkt (differenziert)

hast du zur Verfügung. Kaufe ein.

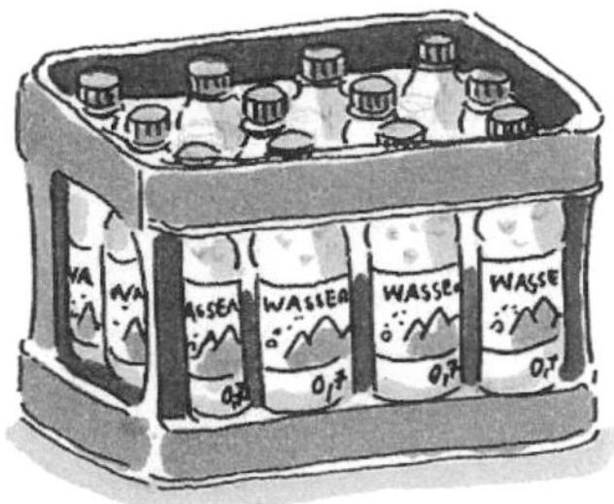

Kiste Wasser
(12 Flaschen à 0,7 l):
7,20 €

Kiste Wasser
(6 Flaschen à 1 l):
6,00 €

Wasserflasche
(einzeln 1,5 l):
1,25 €

Kiste Limo (12 Flaschen à 0,5 l):
10,92 €

Einzelflasche Limo (0,5 l):
0,95 €

Chipstüte (400 g): 3,60 €

Chipstüte (250 g): 2,90 €

Salzstangentüten (75 g): 0,95 €

18 Tüten (à 150 g): 31,50 €

Name: Datum:

Planungshilfen

Diese Fragen können dir bei der Lösung deiner Aufgabe helfen:

- Wie viel l Getränke benötigst du für deine Geburtstagsparty?
- Wie viel kostet ein Liter (in den verschiedenen Getränkekisten)?
- Wie viele kg Chips und Salzstangen brauchst du für deine Gäste?
- Was kostet 1 kg in den verschiedenen Verpackungen?

Hier noch ein **Tipp**: Rechne alle Geldbeträge in eine Schreibweise um.

Hier hast du eine mögliche Hilfe für deine Planung:

So gebe ich die 50 € aus:

Artikel (Getränke, Deko ...)	Anzahl	Preis
		Insgesamt:

Bleibt noch Geld übrig?

Was kannst du eventuell noch zusätzlich dafür einkaufen?

Weitere mögliche Aufgabenstellungen:

- Gibt es die Möglichkeit, das beliebteste Getränk/Essen nachzukaufen? Und wenn ja wie viel davon?
- Bleibt Restgeld für Partyzubehör übrig?
- Könnte das Geburtstagskind den Rest als Taschengeld behalten?
- Grafische Darstellung der Kosten bezüglich der steigenden Anzahl Gäste

Name: Datum:

Partyzubehör (differenziert)

Tisch-Set (für 6 Personen):
6,90 €

Luftballons und Luftschlangen:
8 € 95 ct

8 Muffins mit Gesichtern: 7,60 €

12 Schaumküsse: 8 € 40 ct

100 Mini Beutel (960 g):
6,99 €

Einzelpackung Bio-Fruchtgummis (50 g):
49 ct

Gummibärchen (ohne Gelatine, 50 g):
1,49 €

Name: Datum:

Partyzubehör (differenziert)

Tisch-Set (für 6 Personen):
6,90 €

Luftballons und Luftschlangen:
8,95 €

8 Muffins mit Gesichtern: 7,60 €

12 Schaumküsse: 8,40 €

100 Mini Beutel (960 g):
6,99 €

Einzelpackung Bio-Fruchtgummis (50 g):
0,49 €

Gummibärchen (ohne Gelatine, 50 g):
1,49 €

3 Zeit

3.1 Mein Forscherheft zum Thema Zeit

Kompetenzen

- **Argumentieren**
- **Kommunizieren**
- **Problemlösen**
- **Darstellen**
- **Modellieren**

Kompetenzerwartungen: Zeitspannen schätzen, messen und überprüfen; Zeitmaße umrechnen und Zeitspannen berechnen; Unterschiedliche Darstellungsformen von Zeit kennen; Darstellung von Rechenwegen; Zeitgefühl entwickeln

Material: KV 1 Forscherheft, KV 2 Forscherkarte Zeit

In unserer heutigen schnelllebigen Zeit ist der sichere Gebrauch der Größe Zeit unumgänglich. Aus diesem Grund haben wir dem Forscherheft Vorrang vor anderen Lernformaten gegeben.

Die Intention des Forscherheftes liegt darin, dass die Schüler zum eigenverantwortlichen Lernen mit selbsttätigen Handlungen angeleitet werden. Grundlage für den realistischen Gebrauch der Größe Zeit ist das Schätzen und anschließende Messen von Zeiten sowie der Abgleich zwischen beiden Werten. Dadurch sollen die Schüler Zeitgefühl entwickeln. Die Problematik im Lernprozess der Schüler besteht darin, dass die ihnen gewohnte Umrechnungszahl 100 bei der Notation und beim Rechnen mit Zeiteinheiten nicht zutrifft, sondern 60 beträgt.

Im Forscherheft sind verschiedene Aufgaben zum Schätzen und Messen angeboten, die von den Schülern bearbeitet und überprüft werden können. Der Schwierigkeitsgrad steigert sich von Aufgabe zu Aufgabe und soll dadurch auch den leistungsschwächeren Schülern die Möglichkeit für Erfolgserlebnisse bieten. Unterschiedliche Darstellungsformen von Zeit (sek, min, Std, Tag ... sowie als Kommazahl, Bruch oder gemischte Einheit) stellen erfahrungsgemäß eine Hürde beim Umgang mit Zeit dar und erhalten im Forscherheft einen gesonderten Stellenwert, unter anderem in Übungsaufgaben zum Umrechnen.

Die Berechnung von Zeitspannen bzw. die Darstellung von Rechenwegen runden das Forscherheft ab.

Die Forscherkarte ist sowohl eine ergänzende Merkhilfe als auch eine Hilfestellung für das Rechnen mit der Größe Zeit.

Name: Datum:

Mein Forscherheft zum Thema Zeit

1. a) Schätze, wie lange es dauert (wähle aus Std, min, sek).
Trage deine Schätzungen in die Tabelle ein:

Du läufst 100 m im Sprint. __________

Ein Fußballspiel mit Verlängerung und Elfmeterschießen __________

Ein Schulvormittag __________

Du läufst 1000 m beim Sportabzeichen. __________

Die Sekunden zu zählen, bis 1 Stunde abgelaufen ist __________

Einen km gemütlich zu gehen __________

Bis ein Liter Wasser im zugedeckten Topf kocht (höchste Stufe der Herdplatte) __________

Bis ein Liter Wasser im Wasserkocher kocht __________

b) Überprüfe deine Ergebnisse. Miss entweder genau nach oder informiere dich im Internet bzw. mithilfe eines Lexikons.
Trage auch deine überprüften Ergebnisse in die Tabelle ein.

Zeitspanne	**geschätzt**	**gemessen, überprüft**	**Haken (erledigt)**
100 m Sprint			
Fußballspiel			
Schulvormittag			
1000-Meter-Lauf			
1 Stunde in Sekunden			
Spaziergang 1 km			
Wasser kochen auf dem Herd (1 l)			
Wasser kochen im Wasserkocher (1 l)			

Name: Datum:

2. Überlege dir, wie du Zeiten messen kannst.

____

____

3. Warum – glaubst du – kommt es zu unterschiedlichen Messergebnissen?

____

____

4. Schließe die Augen und zähle 1 Minute im Sekundentakt. Hebe die Hand (oder sage „Stopp“), wenn du der Meinung bist, dass eine Minute abgelaufen ist.

5. Max sagt: „Ihr wart viel zu schnell, ich habe bis 100 gezählt!“ Was meinst du dazu? Kreuze an!

- ☐ Max hat recht, weil ______________________________

  ____

- ☐ Max hat nicht recht, weil ______________________________

  ____

6. Miss mit deiner Stoppuhr (und notiere), wie lange es dauert, bis

a) du die Luft nicht mehr anhalten kannst ______________

b) du vom Schuleingang in dein Klassenzimmer kommst ______________

c) du beim Pausenverkauf an der Reihe bist ______________

d) du nach Schulschluss für deinen Heimweg benötigst ______________

e) du beim Sportunterricht umgezogen bist ______________

Was ist dir aufgefallen? ______________________________

Was fiel dir beim Notieren der Zeiten schwer? ______________________________

Name: Datum:

7. Sieh dir die Tabelle von Aufgabe 1 noch einmal an. Hake dann ab, welche Zeitspannen du mit Minuten und Sekunden gemessen hast. Mit welcher Zeiteinheit hast du die anderen Zeitspannen gemessen?

____

Merke: Die Umrechnungseinheit bei Stunden, Minuten und Sekunden ist immer 60.

1 Stunde = 60 Minuten (1 h = 60 min)

1 Minute = 60 Sekunden (1min = 60 s)

1 Stunde = 60 · 60 Sekunden (1 h = 3600 s)

8. Rechne in die angegebene Einheit um.

a) 1 min 14 s = ________ s — 78 s = ________ min ________ s

5 min ________ s = 328 s — 290 s = ________ min ________ s

8 min ________ s = 500 s — 572 s = ________ min ________ s

b) 1 h 36 min = ________ min — 130 min = ______ h ________ min

3 h 18 min = ________ min — 590 min = ______ h ________ min

2 h ________ min = 144 min — 1450 min = ___ d ____ h ____ min

Merke: Die Umrechnungseinheit bei Tagen beträgt 24.

1 Tag = 24 Stunden (1 d = 24 h) — $\frac{1}{4}$ Tag = 6 Stunden ($\frac{1}{4}$ d = 6 h)

$\frac{1}{2}$ Tag = 12 Stunden ($\frac{1}{2}$ d = 12 h) — $\frac{1}{8}$ Tag = 3 Stunden ($\frac{1}{8}$ d = 3 h)

c) $5\frac{1}{2}$ Tage = ________ h — 72 h = ________ Tage ________ h

4,5 Tage = ________ h — 99 h = ________ Tage ________ h

$6\frac{1}{4}$ Tage = ________ h — 108 h = ________ Tage

$8\frac{1}{8}$ Tage = ________ h — 54 h = ________ Tage

Name: Datum:

Merke:

$\frac{1}{2}$ h = 0,5 h = 30 min $\frac{1}{4}$ h = 0,25 h = 15 min $\frac{3}{4}$ h = 0,75 h = 45 min

9. Immer zwei Angaben gehören zusammen. Verbinde sie.

Beispiel: $\frac{3}{4}$ h ———— 45 min

$\frac{3}{4}$ min	$2\frac{1}{4}$ h	5 h 12 min	$4\frac{1}{2}$ min	$\frac{1}{2}$ d 2 h

512 min	312 min	225 min	45 s	135 min	135 s	14 h	270s

10. Vervollständige:

1 h = $\frac{1}{4}$ h + $\frac{1}{4}$ h + ________ = $\frac{4}{4}$ h

Helferfrage: $\frac{1}{4}$ h · ________ = $\frac{4}{4}$ h = 1 h

1 h = $\frac{1}{2}$ h + ________ = $\frac{2}{2}$ h

Helferfrage: $\frac{1}{2}$ h · ________ = $\frac{2}{2}$ h = 1 h

11. Jetzt schaffst du das Gleiche bestimmt auch mit Minuten.

1 h = 15 min + 15 min + ________________ = 60 min

Helferfrage: 15 min · ________ = 60 min = 1 h

1 h = 30 min + ________ = 60 min = 1 h

Helferfrage: 30 min · ________ = 60 min = 1 h

12. Schreibe nun in Kommaschreibweise!

1 h = 0,5 h + ________________ = 1 h

Helferfrage: 0,5 h · ________ = 1 h

Name: Datum:

Merke:

Uhrzeiten schreibst du entweder mit Punkt zwischen den Stunden und Minuten (z.B. 10.45 Uhr) oder mit Doppelpunkt zwischen den Stunden und Minuten auf (z.B. 10:45 Uhr).

Bei Uhren mit Stunden- und Minutenzeigern sind zwei unterschiedliche Uhrzeiten möglich (weil das Zifferblatt 12 Stunden anzeigt und der Tag aber 24 Stunden umfasst).

Beispiel: 9 Uhr (+ 12 Stunden) = 21 Uhr

13. a) Trage die Uhrzeiten ein, indem du die Zeiger einzeichnest.

9.15 Uhr/21.15 Uhr

11.05 Uhr/23.05 Uhr

b) Ergänze die Uhrzeiten.

_____________/_____________

_____________/_____________

_____________/_____________

_____________/_____________

Name: Datum:

14. Kreise die richtige Zeitspanne ein. Notiere deinen Rechenweg.
Tipp: Manchmal hilft es dir, Stunden in Minuten umzurechnen, z.B. bei Aufgabe b).

a) 10:15 Uhr —+→ 13:25 Uhr

2 h 55 min   3 h 10 min   2 h 10 min   190 min

Mein Rechenweg:

____

____

b) 9:17 Uhr —+→ 12:08 Uhr

2 h 51 min   251 min   3 h 9 min   309 min

Mein Rechenweg:

____

____

c) 22:48 Uhr —+→ 1:04 Uhr

21 h 44 min   23 h 52 min   2 h 16 min

Mein Rechenweg:

____

____

d) ________ Uhr ←– 75 min— 13:09 Uhr

14:24 Uhr   11:54 Uhr   12:54 Uhr   12:45 Uhr

Mein Rechenweg:

____

____

Name: Datum:

Forscherkarte Zeit

Die Forscherkarte hilft dir nicht nur beim Kontrollieren deiner Ergebnisse des Forscherheftes, sondern dient dir auch als Merkhilfe:

1 Tag = 24 h	1 h = 60 min	1 min = 60 s
$\frac{1}{2}$ Tag = 12 h	$\frac{1}{2}$ h = 30 min	$\frac{1}{2}$ min = 30 s
	0,5 h = 30 min	0,5 min = 30s
$\frac{1}{4}$ Tag = 6 h	$\frac{1}{4}$ h = 15 min	$\frac{1}{4}$ min = 15 s
$\frac{3}{4}$ Tag = 18 h	$\frac{3}{4}$ h = 45 min	$\frac{3}{4}$ min = 45 s

Name: Datum:

Forscherkarte Zeit

Die Forscherkarte hilft dir nicht nur beim Kontrollieren deiner Ergebnisse des Forscherheftes, sondern dient dir auch als Merkhilfe:

1 Tag = 24 h	1 h = 60 min	1 min = 60 s
$\frac{1}{2}$ Tag = 12 h	$\frac{1}{2}$ h = 30 min	$\frac{1}{2}$ min = 30 s
	0,5 h = 30 min	0,5 min = 30s
$\frac{1}{4}$ Tag = 6 h	$\frac{1}{4}$ h = 15 min	$\frac{1}{4}$ min = 15 s
$\frac{3}{4}$ Tag = 18 h	$\frac{3}{4}$ h = 45 min	$\frac{3}{4}$ min = 45 s

© 2015 Cornelsen Schulverlage GmbH, Berlin. Alle Rechte vorbehalten.

3.2 Fermi-Aufgaben zum Thema Zeit

Kompetenzen

- **Kommunizieren**
- **Argumentieren**
- **Darstellen**
- **Problemlösen**
- **Modellieren**

Kompetenzerwartung: Lösen, Darstellen und Erklären von Fermi-Aufgaben zur Zeit

Material: KV 1 Fermi-Aufgabe 1: Dauer des Schulwegs, KV 2 Fermi-Aufgabe 2: Stau auf der Autobahn, KV 3 Fermi-Aufgabe 3: Buchstabenhaufen, KV 4 Fermi-Aufgabe 4: Zeit in der Schule, Forscherkarten

Lernvoraussetzungen

Fermi-Aufgaben sind mathematische Fragestellungen aus dem Lebensweltbezug der Kinder, die nicht exakt zu berechnen sind, sondern eine ungefähre Lösung haben, da sie sehr offen und komplex in der Grundstruktur sind. Wichtig sind bei der Berechnung die Vorüberlegungen, die auf geschätzten Zahlen beruhen, die die Schüler mit Rechnungen verknüpfen. Fermi-Aufgaben sollten in der Gruppe bearbeitet werden, denn sie machen zum einen Spaß, zum anderen sind die unterschiedlichen Betrachtungsweisen der einzelnen Schüler bedeutsam und sollten in die Überlegungen einfließen. Logisches Denken sowie Recherchearbeit (z. B. im Internet nach Informationen suchen oder Mitschüler befragen) werden gefördert und gefordert. Fermi-Aufgaben bedürfen ausreichend Zeit, damit die Schüler unterschiedliche Herangehensweisen an die Aufgaben und differenzierte Lösungswege erproben können. Fermi-Aufgaben könnten in die Wochenplanarbeit bzw. Freiarbeit integriert oder z. B. als „Mathe-Frage der Woche" mit Hilfsfragen / Materialien dauerhaft angeboten werden.

Durchführung

Initiation
Eine ausgewählte Fermi-Aufgabe wird den Schülern im Kinositz präsentiert (Auswahl aus KV 1 bis KV 4).

Zielangabe
Wir lösen unsere Fermi-Aufgabe.

Arbeitsphase
Die Schüler notieren in Einzelarbeit Stichpunkte zu folgenden Fragen:

- Was weiß ich schon zu dem Thema?
- Was weiß ich noch nicht?
- Was will ich herausfinden / wissen?
- Welche Informationen benötige ich, um eine Lösung zu finden?
- Wie erhalte ich die notwendigen Informationen? (Beispiele: durch Befragung, durch Internetrecherche, durch Messen, durch Schätzen, durch Nachschlagen in einem Lexikon, durch Erstellen einer Tabelle ...)
- Wie muss ich die Informationen (auch in Rechnungen) verknüpfen, um zu einer Lösung zu kommen?

Mit dem Partner erfolgt nun ein Austausch sowie ein Abgleich der bislang gefundenen Ergebnisse. Die Lösungsideen werden mathematisch verschriftlicht, notwendige weitere Informationen ergänzt sowie Daten gesammelt, wobei Hilfsfragen zu den einzelnen Fermi-Aufgaben Unterstützung leisten. Zur weiteren Differenzierung finden leistungsstärkere Schüler eigenständig zusätzliche Hilfsfragen.

Differenzierungen
Leistungsschwächere Schüler erhalten Hilfsfragen zur Fermi-Aufgabe, stellen ihre Überlegungen des Lösungsweges grafisch (= ikonisch) dar und / oder halten Daten in Tabellenform fest. Ergänzend könnte die Lehrkraft mit Zusatzinformationen (z. B. Angaben über die durchschnittliche Länge eines Autos) unterstützend wirken.
Leistungsstärkere Schüler notieren Überschlagsrechnungen und stellen ihren individuellen Lösungsweg stichwortartig so dar, dass die leistungsschwächeren Schüler die Möglichkeit zur Reflexion bzw. Korrektur ihres Lösungsansatzes erhalten.

Lösungsansätze der Fermi-Aufgaben

1. Wie viel Zeit dauert es insgesamt, wenn alle Kinder deiner Schule den Schulweg (von zu Hause bis ins Klassenzimmer) nacheinander zurücklegen würden?

- Eine anschauliche Skizze zeigt die verschiedenen Möglichkeiten des Schulwegs (zu Fuß, mit dem Bus, mit dem Fahrrad, mit dem Auto ...) einer Klasse auf und unterstützt so das Verständnis der Grundaufgabe. Diese Skizze kann entweder im Plenum mit den Schülern erarbeitet oder – sofern Fermi-Aufgaben bereits bekannt sind – von den Schülern entworfen werden. Diese werden dann präsentiert, verglichen und auf Plausibilität überprüft.
- Die Schüler notieren individuell ihren persönlichen Zeitbedarf für den Weg von zu Hause bis ins Klassenzimmer (z. B. Moritz 5 min zu Fuß, Petra 10 min mit dem Fahrrad ...).
- Die einzelnen Ergebnisse werden nun in eine Tabelle übertragen und die Zeiten addiert.
- Die Gesamtzeit einer Klasse wird als Durchschnittswert für alle Klassen der Schule angenommen und mit der Anzahl der Klassen multipliziert.
- Alternativ könnten die Schüler auch die Gesamtzeit der einzelnen Klassen durch Befragungen und Berechnungen erheben (diese Vorgehensweise ist aufwändiger, aber genauer).
- Schüler, die frühzeitig mit ihren Rechnungen fertig sind, erstellen Plakate, auf denen sie ihre Rechenwege visualisieren, dokumentieren und später den Mitschülern präsentieren.
- Die unterschiedlichen Rechenwege und Ergebnisse werden im Anschluss im Klassenverband verglichen und auf Plausibilität überprüft.
- Als mögliche Zusatzaufgabe für leistungsstärkere Schüler kann die Berechnung der Gesamtwegstrecken angeboten werden (und der überschlagene Gesamtweg mit der überschlagenen Gesamtzeit in Relation gesetzt werden).

  Beispiel: Die Anzahl der Schüler beträgt im Schnitt 20/Klasse, es gibt 10 Klassen an der Fermi-Grundschule (= 200 Schüler). Die Gesamtzeit aller Schüler für den Schulweg beträgt etwa 900 min (= 15 Stunden). Die 200 Schüler legen einen Gesamtschulweg von etwa 200 km zurück (was dann einen durchschnittlichen Wert von 1 km in 4,5 min ergäbe). Dies ist insofern realistisch, da der Durchschnittswert aus dem Transport mit dem Schulbus, dem elterlichen Auto und dem Fahrrad resultiert und den wesentlich höheren Zeitbedarf für den Fußweg ausgleicht.

2. Bei einer Radiodurchsage im Verkehrsfunk sagt der Sprecher: „Auf der Autobahn A3 Regensburg – Passau brauchen Sie im Moment auf Höhe Kirchroth in Fahrtrichtung Straubing wegen eines Staus im Baustellenbereich laut Echtzeitmessung 6 Minuten länger."

- Bei der Annahme einer durchschnittlichen Geschwindigkeit von 120 km/h auf der Autobahn bedeutet ein Zeitverlust von 6 Minuten (= 1/10 einer Stunde), sodass sich die Durchschnittsgeschwindigkeit um 12 km/h verringert (120 km/h – 12 km/h = 108 km/h)
- Bei den 6 Minuten im Stau wird ein kompletter Stillstand angenommen.
- Die Staulänge kann nicht berechnet werden, sondern es kann lediglich von einer angenommenen Staulänge (z. B. 1 km) ausgegangen werden, um die Anzahl von Autos überschlagen zu können.
- Bei einer angenommenen Durchschnittslänge von 4 m pro Auto und einem Abstand zum vorhergehenden Auto von 1 m (also bei einer angenommenen Gesamtlänge von 5 m) würden 200 Pkws auf einer Fahrspur auf einer Strecke von 1 km stehen. Da die Autobahn aus 2 Fahrspuren besteht, wären dies insgesamt 400 Pkws.
- Bei 3 Fahrspuren kämen nochmals die Hälfte der 400 Pkws hinzu (insgesamt also 400 + 200 = 600 Pkws).
- Die Veränderung der Stauzeit hängt ab von der Anzahl der befahrbaren Autobahnspuren.
- Bei 3 statt 2 Fahrspuren im Stau würde sich die Stauzeit um die Hälfte verlängern (6 min + 3 min = 9 min).
- Anhand einer Skizze sollen die leistungsstärkeren Schüler den leistungsschwächeren Schülern die Zunahme an Autos bei der Erweiterung einer Standspur veranschaulichen und damit die Erhöhung der Stauzeit begründen.
- Erweitert sich nach der Baustelle die Anzahl der befahrbaren Fahrbahnen (z. B. von 1 auf 2), so verringert sich die Stauzeit.
- Aufgrund des sehr hohen Schwierigkeitsgrades dieser Fermi-Aufgabe wurde bewusst auf die Möglichkeit von Lkw-Längen verzichtet.

3. Wie viele Buchstaben schreibt jede/r Schüler/in deiner Klasse an einem Tag?

- Anhand einer Skizze visualisieren die Schüler individuell ihre Verschriftlichungen pro Tag (z. B. 4 DIN-A4-Schulheftseiten, 2 DIN-A4-Hausaufgabenseiten, 1 DIN-A4-Textseite mit einem Textverarbeitungsprogramm auf dem Computer und 20 SMS/Whatsapp-Nachrichten).

- Zum Vergleich der angenommenen Daten überprüfen die Schüler sich einen Tag lang (Schulvormittag + Hausaufgabe + Freizeitverschriftlichungen) selbst und nehmen diese Daten als persönlichen Durchschnittswert.
- Die Schüler schätzen und berechnen daraufhin die Anzahl der Wörter, die sie täglich schreiben (z. B. 4 000). Mit einem zusätzlich geschätzten Durchschnittswert von Buchstaben pro Wort (z. B. 8 Buchstaben pro Wort) ergäbe dies eine Anzahl von 32 000 Buchstaben pro Tag.
- Die tatsächliche Anzahl der Buchstaben wird mithilfe der erhobenen Daten, gezählten Wörtern und Multiplikation mit dem Durchschnittswert von 5 Buchstaben/Wort berechnet.
- Beide berechneten Ergebnisse (das auf Schätzungen beruhende und das auf der Beobachtung und Datenerhebung beruhende) werden anschließend miteinander verglichen.
- Die Schüler vergleichen die Ergebnisse untereinander und verbalisieren ihre Rechenwege.

4. Wie viel Zeit verbringst du als Schüler bis zum Schulabschluss an der Schule?

- Vorwissen: Mindestschulbesuchsjahre: 9 Jahre, Realschulabschluss nach 10 Jahren und Abitur nach 12 Jahren
- Entweder recherchieren die Schüler im Internet die Zahlen der Schulabschlüsse pro Jahr aus ihrem Bundesland und ermitteln die durchschnittliche Schulzeit oder es wird von einer angenommenen Drittelung der Schulabgänger ausgegangen.
- Berücksichtigt werden sollten die Wiederholer einer Jahrgangsstufe, um die berechnete Durchschnittsschulzeit korrigieren zu können.
- Je nach Leistungsstand der Klasse können die weiteren Schulbesuchsjahre an Fach- und/oder Berufsschulen vernachlässigt oder berücksichtigt werden.
- Beispiel: Wir gehen bei unserem Beispiel von einer durchschnittlichen Schulbesuchszeit von 11 Jahren aus: 38 Schulwochen mal 5 Tage = 190 Tage
  190 Tage mal 11 Jahre = 2 090 Tage (abzüglich von Krankheitstagen, Schulschwänzen etc. rechnen wir mit 2 000 Tagen weiter)
  2 000 Tage mal 5 Stunden (8.00 Uhr – 13.00 Uhr) = 10 000 Stunden in der Schule
  10 000 Stunden mal 60 min = 600 000 min

Reflexion

Im Plenum erfolgt anschließend eine kurze Zusammenfassung bisheriger Erkenntnisse, bevor jetzt in einzelnen Gruppen Lösungen zu der Fermi-Aufgabe erarbeitet werden. Die Schüler visualisieren ihre Vorgehensweise (z. B. auf Plakaten), präsentieren im Anschluss den Klassenkameraden ihre Überlegungen und stellen ihren Lösungsweg sowie die Ergebnisse vor. Die Versprachlichung der Lösungsfindung stellt eine wesentliche Grundlage für das Verständnis dar. Es erfolgt abschließend im Klassenverband eine Diskussion über die einzelnen Lösungen der Gruppen. In dieser Reflexionsphase wird rückblickend auf einzelne Hilfsfragen, die zur Lösungsfindung zwingend notwendig waren, eingegangen.

Möglichkeiten zur Weiterarbeit

Die Kinder überlegen sich selbst je nach Interessensgebiet eine Fermi-Aufgabe zur Thematik Zeit.

Name: Datum:

Fermiaufgabe 1: Dauer des Schulwegs

Frage: Wie viel Zeit dauert es insgesamt, wenn alle Kinder deiner Schule den Schulweg (von zu Hause bis ins Klassenzimmer) nacheinander zurücklegen würden?

Platz für deine ersten Ideen:

Platz für deine Skizze:

Diese Ideen könnten dir bei der Lösung helfen:

- Finde heraus, wie viele Kinder es an deiner Schule gibt.
- Zeichne eine Skizze zur Aufgabe.
- Überlege, wie viele Kinder zu Fuß gehen, mit dem Rad fahren, mit dem Bus zur Schule kommen oder von den Eltern mit dem Auto gebracht werden. (Du kannst auch eine Befragung deiner Mitschüler durchführen.)
- Eine Tabelle kann dir vielleicht bei der Berechnung der Zeiten helfen.
- Für ganz schnelle Rechner: Finde auch heraus, wie viele km und m alle Kinder deiner Schule zurücklegen. (Auch hier hilft dir eine Tabelle.)

Platz für deine Rechnungen:

Name: Datum:

Tabellenvorlage: Dauer des Schulwegs

Hier bekommst du eine Tabellen-Vorlage für deine Klasse:

Name der Schüler	Zeit (min)	(Weg in km oder m)

Gesamtzeit:

Name: Datum:

Fermiaufgabe 2: Stau auf der Autobahn

Aufgabe: Bei einer Radiodurchsage im Verkehrsfunk sagt der Sprecher: „Auf der Autobahn A3 Regensburg – Passau brauchen Sie im Moment auf Höhe Kirchroth in Fahrtrichtung Straubing wegen eines Staus im Baustellenbereich laut Echtzeitmessung 6 Minuten länger.“

Platz für deine ersten Ideen:

Platz für deine Skizze:

Diese Ideen könnten dir bei der Lösung helfen:

- Überlege, wie schnell ein Auto auf der Autobahn durchschnittlich fährt.
- Überlege, wie sich die durchschnittliche Geschwindigkeit bei einem Stau verändert.
- Wie lang ist der Stau (in m oder km)?
- Wie lange dauert der Stau (in min)?
- Wie viele Autos stehen im Stau?
- Messt die Länge eines Autos.
- Denkt an den Abstand zwischen den Autos.
- Überlege auch: Wie würde sich die Stauzeit verändern, wenn es eine Fahrspur mehr auf der Autobahn gäbe (z.B. drei Spuren anstatt zwei Fahrbahnen)?

Platz für deine Rechnungen:

Name: Datum:

Fermiaufgabe 3: Buchstabenhaufen

Frage: Wie viele Buchstaben schreibt jede/r Schüler/in deiner Klasse an einem Tag?

Platz für deine ersten Ideen:

Platz für deine Skizze:

Diese Ideen könnten dir bei der Lösung helfen:

- Wie viele Seiten Hefteinträge, Blocknotizen, Hausaufgabenseiten schreibst du an einem Schultag?
- Bitte deine Mitschüler, einen Tag lang die geschriebenen Wörter zu zählen und beobachte dich selbst.
- Überlege dir eine Möglichkeit, dies übersichtlich darzustellen.
- Wie kannst du den Tag unterteilen, damit deine Rechnung einfacher wird?
- Wie viele Buchstaben hat ein Wort durchschnittlich?
- Berücksichtige bei deinen Überlegungen auch getippte Buchstaben auf deinem Computer/Ipad etc.

Platz für deine Rechnungen:

Name: Datum:

Fermiaufgabe 4: Zeit in der Schule

Aufgabe: Wie viel Zeit verbringst du als Schüler bis zum Schulabschluss an der Schule?

Platz für deine ersten Ideen:

____

____

Platz für deine Skizze:

Diese Ideen könnten dir bei der Lösung helfen:

- Wie viele Schuljahre sind es bis zu den unterschiedlichen Schulabschlüssen?
- Wie viele Schüler machen Abitur? Wie viele Kinder schaffen den mittleren Bildungsabschluss? Wie viele Schüler beenden die Schule nach der Pflichtschulzeit?
- Wie viele Wochen hat ein Schuljahr? (ohne Ferien und Feiertage!)
- Wie viele Stunden verbringst du an einem Schultag an der Schule?
- Wie viele Stunden sind dies in einer Woche, in einem Monat?
- Berücksichtige auch Tage, an denen du krank warst oder Unterricht ausgefallen ist!

Platz für deine Rechnungen:

4 Hohlmaße

Kompetenzen

- Argumentieren
- Darstellen
- Problemlösen
- Modellieren

Kompetenzerwartung: Schätzen, Messen, Ablesen, Zuordnen und Rechnen mit Hohlmaßen

Material: KV 1 Hohlmaße – Lernstandsdiagnose, KV 2 Überprüfungstest, KV 3 Forscherheft, KV 4 Forscherkarte

4.1 Diagnostik: Lernvoraussetzungen

Ausgangspunkt zur Leistungsfeststellung und -einschätzung der Schüler ist die Lernstandsdiagnose (KV 1) zu Beginn der Unterrichtssequenz, die in Einzelarbeit absolviert wird. Nach Auswertung durch die Lehrkraft werden die Stärken und Schwächen jedes einzelnen Schülers offensichtlich. Somit kann die individuelle Förderung mithilfe des Forscherheftes einsetzen.

4.2 Förderung

Durchführung

Individuelle Förderung

Mithilfe des Forscherheftes (KV 3) erarbeiten sich die Schüler schrittweise und eigenständig die verschiedenen Wissensinhalte und Könnensstufen (Kompetenzanforderungen) je nach individuellem Leistungsstand. Die Lehrkraft agiert als Lernbegleiter, unterstützt, gibt Tipps und Ratschläge, Hilfestellungen sowie Rückmeldungen.
Die Übersicht der Fördermöglichkeiten dient der Lehrkraft zur Unterstützung der unterrichtlichen Arbeit. Aufgrund der angebotenen Vielfalt der Fördermöglichkeiten ist jeweils ein Schwerpunkt bei den Maßnahmen (je nach Auswertung der Lernstandsdiagnose) zu setzen.

Ergänzende Differenzierung

Die Forscherkarte (KV 4) ist zum einen eine Lernhilfe, stellt zum anderen aber auch eine Merkhilfe dar.

Reflexion

Der Überprüfungstest (KV 2) soll **während** des Lernprozesses stattfinden und Aufschluss geben über den individuellen Lernzuwachs bzw. die noch vorhandenen Schwächen der Schüler. Dadurch wird gewährleistet, dass weitere Fördermöglichkeiten angeboten werden können bzw. die bereits erfolgten neu justiert werden.

4.3 Exemplarische Fördermöglichkeiten im Bereich der Hohlmaße

Fehlerbeschreibung	Exemplarische Fördermöglichkeiten
Aufgabe 1: Zuordnung Hohlmaße zu Bildern Fehlerbilder: ▶ Fehlende Vorstellung der Repräsentanzgrößen ▶ Mangelnder Handlungsbezug ▶ Fehlende Einsicht in die Bedeutung von ml und l	▶ Umschüttversuche (vgl. Forscherheft) ▶ Wiederholende und kontinuierliche Schätzversuche inkl. Abgleich mit Gefäßen aus dem Alltag ▶ Umgang mit dem Messbecher (schätzen, ablesen können, umfüllen ...) ▶ Bewusstes Ablesen von Hohlmaßangaben auf Verpackungen ▶ Einbindung vorbereitender Hausaufgaben (z. B. Finden verschiedenster Getränke mit gleichem Inhalt und Notation in einer Tabelle) im Bereich der Hohlmaße ▶ Bewusster Vergleich von Kommaschreibweisen mit Bruchzahlen und l- bzw. ml-Angaben auf Alltagsmaterialien ▶ Eigenständige Zusammenfassung einer Mengenangabe in drei verschiedenen Notationsformen (z. B. in Tabellenform)
Aufgabe 2: Ablesen von Flüssigkeitsmengen Fehlerbilder: ▶ Unsicherheit beim Ablesen der Strichdarstellung ▶ Fehlendes Verständnis in der Bedeutung der Strichdarstellung ▶ Schwierigkeiten bei der Unterscheidung zwischen ml und l	▶ Erstellen eines normierten Messbechers mit Strichdarstellungen durch Eigenversuche ▶ Festigung der Bedeutung von Strichabständen durch Umschüttversuche ▶ Sammeln von unterschiedlichen Füllmengen auf Alltagsverpackungen und Ordnen nach Hohlmaßgrößen ▶ Überprüfen der Füllmengen in verschieden großen Gefäßen ▶ Erstellung eines Memory®-Spiels mit gleichen Füllmengen in verschiedener Notationsform (z. B. $\frac{1}{2}$ l ; 500 ml; 0,5 l) ▶ Ablesen von Flüssigkeitsmengen zu verschiedenen Anlässen im Haushalt (z. B. als Hausaufgabe) ▶ Anlegen einer Tabelle (Was messen wir in ml und was in l?) ▶ Gespür entwickeln für genormte Flüssigkeitsmengen durch Schätzversuche, z. B.: Schütte 300 ml Milch ohne Messbecher in die Flasche und überprüfe mithilfe des Messbechers die tatsächliche Menge. ▶ Durchführung von Schätzspielen, z. B.: In welches Gefäß passen 5 ml? Wie viele l Benzin passen in das Auto deiner Eltern? ...
Aufgabe 3: Umrechnen von Hohlmaßen in andere Einheiten Fehlerbilder: ▶ Fehlendes Verständnis von Brüchen ▶ Fehlendes Verständnis der Bedeutung der Dezimalstellen in der Kommaschreibweise	▶ Handlungsnachvollzug von Bruchangaben durch Umschüttversuche ▶ Erstellung eines Memo-Spiels mit gleichen Füllmengen in verschiedener Notationsform (z. B. $\frac{1}{2}$ l ; 500 ml; 0,5 l) ▶ Dreiecklegespiel zu Hohlmaßangaben (vgl. Gewichte) ▶ Zuordnung verschiedener Verbrauchsmaterialien zu den Bruchangaben (z. B. verschiedene Alltagsmaterialien zu einem $\frac{1}{4}$ l sammeln, wie z. B. ein Weinglas, ein Tetrapack Orangensaft ...) ▶ Anlegen einer Tabelle mit drei unterschiedlichen Notationsformen zur gleichen Einheit ▶ Analyse von realen Angaben auf Flaschenetiketten (z. B. 1,25 l = 5 Becher à 250 ml auf Cola-Flaschen) ▶ Erstellung von Domino-Spielen mit unterschiedlichen Einheiten (die das gleiche Ergebnis haben) ▶ Bewusstmachung der Bedeutung der 0 in der Dezimalschreibweise (nach dem Komma) sowie die Bedeutung der 0 in der ml-Schreibweise

Fehlerbeschreibung	Exemplarische Fördermöglichkeiten
Aufgabe 4: Sachaufgabe zu den Hohlmaßen Fehlerbilder: ▶ Fehlendes Verständnis der Gleichwertigkeit von verschiedenen Notationsformen ▶ Fehlendes Textverständnis ▶ Fehlendes Verständnis der Rechenwege	▶ Unterstreichen der Mengenangaben ▶ Handelnder Nachvollzug durch szenische Darstellung sowie durch handelndes Erproben der Ausgangssituation ▶ Visualisierungshilfen: Was wissen wir schon? Was wissen wir noch nicht? Was wollen wir wissen? Rechenschritte? ▶ Zeichnerische Hilfen ▶ Merkplakate als Visualisierungshilfe an der Seitenwand für die einzelnen Lerngruppen ▶ Möglichkeit der Umwandlung in gleiche Einheiten sowie Visualisierung im Tafelbild ▶ Einsatz der Forscherkarte ▶ AB mit vorgefertigten Zeichenhilfen (250-ml-Gläser und 400-ml-Gläser) ▶ Additionsketten als Hilfe ▶ Permanente Versprachlichung der Rechenwege in kooperativen Lernformen (inkl. Vergleich von Ergebnissen der einzelnen Gruppen) ▶ Rückbesinnung auf die Ausgangssituation mit Abgleich von Rechenschritten der einzelnen Gruppen ▶ Eigenständige Visualisierung der Rechnungen in einem Plakat ▶ Differenzierte Darstellung der Ausgangssituation für die verschiedenen Lerngruppen

Name: Datum:

Hohlmaße – Lernstandsdiagnose

1. Ordne die passenden Hohlmaße zu. Verbinde.

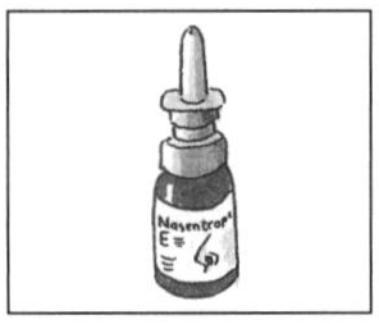

1 l

200 ml

3 ml

100 l

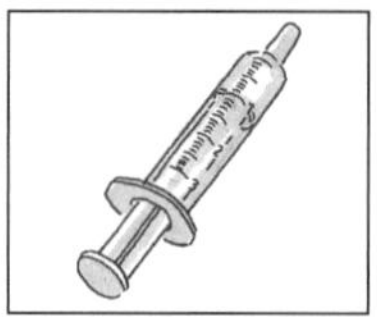

20 ml

2. Lies vom Messbecher ab und kreise die richtige Angabe ein.

a) 250 ml

200 ml

200 l

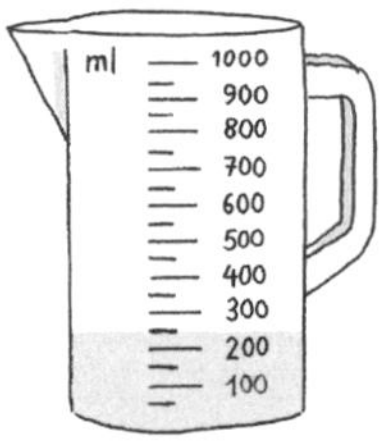

b) 500 l

500 ml

600 ml

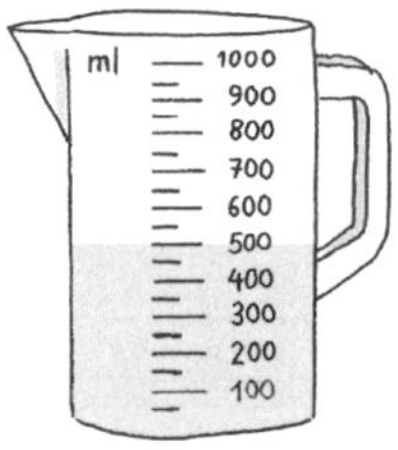

3. Rechne in die angegebene Einheit um.

1 l 50 ml = ____ l   8 ml = __________ l $\frac{1}{2}$ l = ______________ ml

9300 ml = ____ l ____ ml   120 ml = ____ l ____ ml   7 l 460 ml = __________ l

4. Auf deiner Geburtstagsparty planst du für deine Gäste „Monsterbowle" als Getränk. Dazu kippst du 750 ml Kindercola, $1\frac{3}{4}$ l Kirschsaft und 0,5 l Mineralwasser in ein großes Gefäß.

a) Wie viele Liter Flüssigkeit befinden sich jetzt insgesamt in deinem Gefäß?

b) Wie viele ml sind für jedes der 6 Kinder eingeplant?

c) Wie viele Gläser kann jedes Kind trinken, wenn jedes Glas 250 ml fasst?

d) Wenn auf deiner Party 250 ml Gläser und 400 ml Gläser zur Verfügung stehen, kannst du die ganze Monsterbowle so aufteilen, dass insgesamt 9 Gläser gefüllt werden. Wie viele 250-ml-Gläser und wie viele 400-ml-Gläser benötigst du?

e) Die Monsterbowle ist sehr beliebt auf deiner Party und die Gläser sind schnell geleert. Du füllst noch einmal 3 l nach. Die Kinder greifen jetzt nur noch nach den 400-ml-Gläsern. Wie viele Liter Bowle bleiben übrig, wenn jedes Kind ein Glas trinkt?

Name: Datum:

Hohlmaße – Überprüfungstest

1. Ordne die passenden Hohlmaße zu. Verbinde.

5 l

1 ml

250 ml

1 l

30 l

2. Lies vom Messbecher ab und kreise die richtige Angabe ein.

a) 620 l

650 ml

620 ml

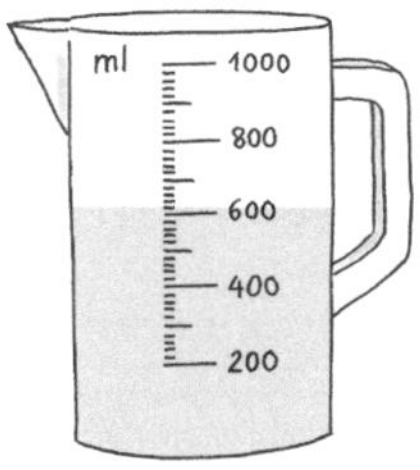

b) 320 ml

370 ml

320 l

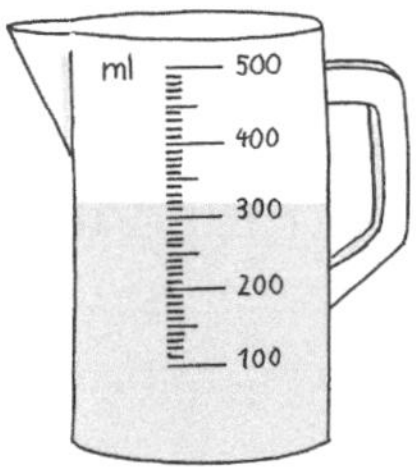

3. Rechne in die angegebene Einheit um.

5 l 2 ml = ________ ml 1 l 8 ml = ________ l $\frac{3}{4}$ l = ________ ml

50 ml = ________ l 5050 ml = ____ l ____ ml 1 l 20 ml = ________ l

4. Auf deiner Geburtstagsparty planst du für deine Gäste „Halloweenbowle“ als Getränk. Dazu kippst du 950 ml Kindercola, 1,75 l Kirschsaft und $\frac{1}{2}$ l Mineralwasser in ein großes Gefäß.

a) Wie viele Liter Flüssigkeit befinden sich jetzt insgesamt in deinem Gefäß?

b) Wie viele ml sind für jedes der 8 Kinder eingeplant?

c) Wie viele Gläser kann jedes Kind trinken, wenn jedes Glas 400 ml fasst?

d) Auf deiner Party stehen nur 250-ml-Gläser zur Verfügung. Wie viele ml musst du deine Bowle noch auffüllen, damit alle Gläser gefüllt werden können, um die gesamte Bowle auszutrinken?

Name: Datum:

Mein Forscherheft zu den Hohlmaßen

1. Wie oft kannst du das Wasser der 1-Liter-Flasche in die Gefäße umfüllen?

 = 500ml	 = 250ml	 = 125ml
______ mal	______ mal	______ mal

2. Wie oft kannst du Wasser ...

aus der kleinen Flasche in die große Flasche umfüllen? 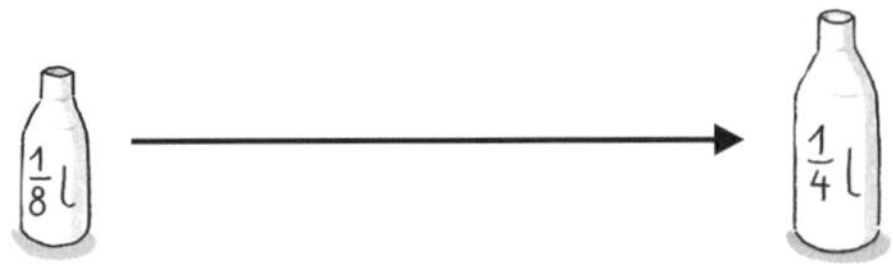	______ mal
aus der kleinen Flasche in die große Flasche umfüllen? 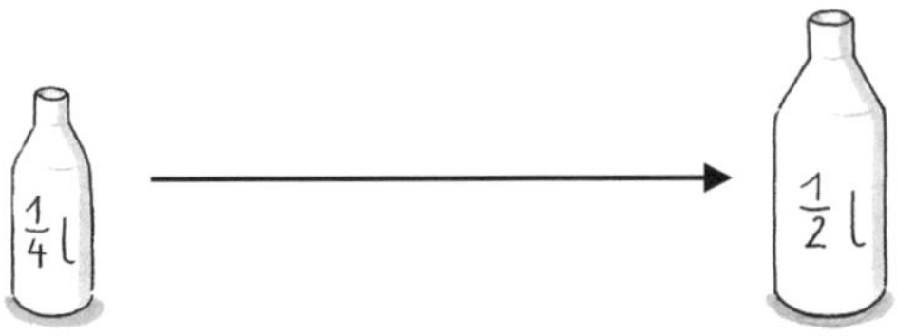	______ mal
aus der kleinen Flasche in die große Flasche umfüllen? 	______ mal

Was kannst du beobachten? ______________________________

____

Name: Datum:

3. Wie oft kannst du Wasser ...

aus der kleinen Flasche in die große Flasche umfüllen?

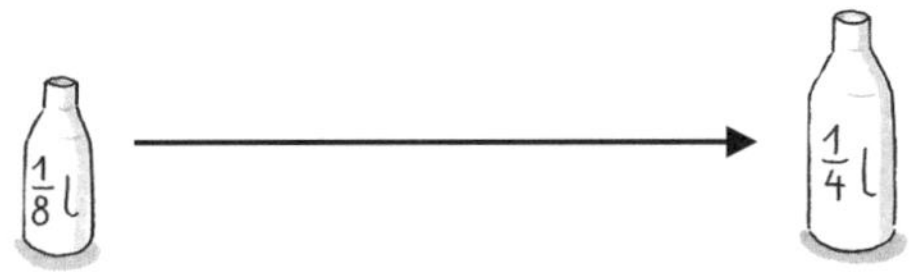

___ mal

aus der kleinen Flasche in die große Flasche umfüllen?

___ mal

aus der kleinen Flasche in die große Flasche umfüllen?

___ mal

4. Wie oft kannst du Wasser ...

aus der kleinen Flasche in die große Flasche umfüllen?

___ mal

aus der kleinen Flasche in die große Flasche umfüllen?

___ mal

Name: Datum:

Was fällt dir auf? Mir fällt auf, dass ______________________________

____

____

5. Kippe $\frac{1}{8}$ l in einen Messbecher und lies genau ab, wie viele ml dies sind. Mache dann das Gleiche mit $\frac{1}{4}$ l und anschließend mit $\frac{1}{2}$ l. Miss genau.

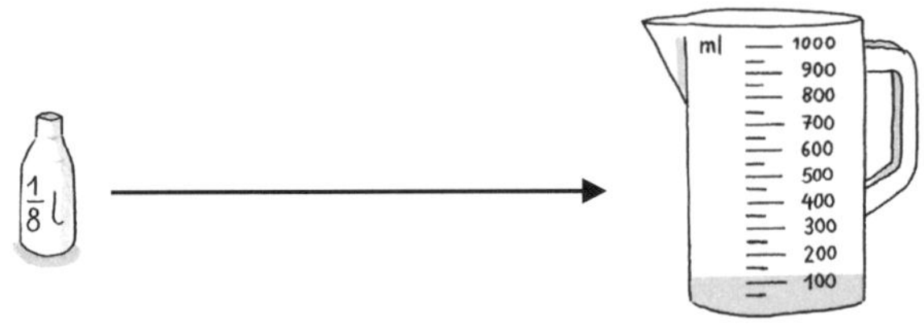	________ ml
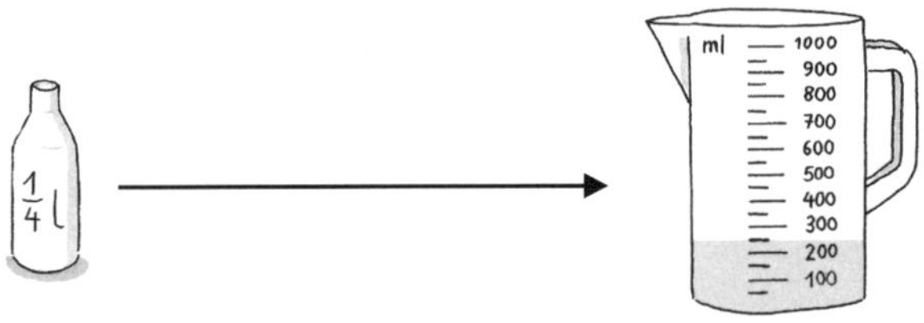	________ ml
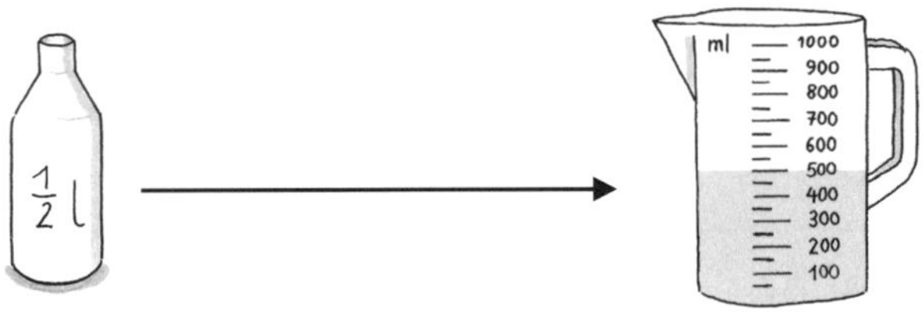	________ ml

6. Vervollständige:

$1\ l = \frac{1}{8}\ l + \frac{1}{8}\ l +$ ______________________________ $= \frac{8}{8}\ l$

Helferfrage: $\frac{1}{8}\ l \cdot$ ________ $= \frac{8}{8}\ l = 1\ l$

$1\ l = \frac{1}{4}\ l + \frac{1}{4}\ l +$ ______________________________ $= \frac{4}{4}\ l$

Helferfrage: $\frac{1}{4}\ l \cdot$ ________ $= \frac{4}{4}\ l = 1\ l$

$1\ l = \frac{1}{2}\ l +$ ________ $= \frac{2}{2}\ l$

Helferfrage: $\frac{1}{2}\ l \cdot$ ________ $= \frac{2}{2}\ l = 1\ l$

Name: Datum:

7. Jetzt schaffst du das Gleiche bestimmt auch mit ml.

1 l = 125 ml + 125 ml + ________________________ = 1000 ml

Helferfrage: 125 ml · __________ = 1000 ml = 1 l

1 l = 250 ml + 250 ml + ________________________ = 1000 ml

Helferfrage: 250 ml · __________ = 1000 ml = 1 l

1 l = 500 ml + __________ = 1000 ml

Helferfrage: 500 ml · __________ = 1000 ml = 1 l

8. Schreibe nun in Kommaschreibweise.

1 l = 0,125 l + 0,125 l + ________________________ = 1,000 l

Helferfrage: 0,125 l · __________ = 1,000 l (= 1000 ml)

1 l = 0,250 l + 0,250 l + ________________________ = 1,000 l

Helferfrage: 0,250 l · __________ = 1,000 l (= 1000 ml)

1 l = 0,500 l + __________ = 1,000 l

Helferfrage: 0,500 l · __________ = 1,000 l (= 1000 ml)

9. **a)** Warum kannst du 1 l auch ohne Komma schreiben (anstatt 1,000 l)?

____

b) Warum kannst du für $1\frac{1}{2}$ l auch 1,5 l schreiben (anstatt 1,500 l)?

____

____

c) Jetzt weißt du bestimmt auch, wie du $1\frac{1}{4}$ l (anstatt 1,250 l) als Kommazahl schreiben kannst?

____

d) Schreibe zum Abschluss $1\frac{1}{8}$ l als Kommazahl.

____

Name: Datum:

10. Wie oft kannst du eine Colaflasche mit 1,5 l Inhalt in dein $\frac{1}{8}$ l Glas einfüllen? Probiere es ruhig aus.

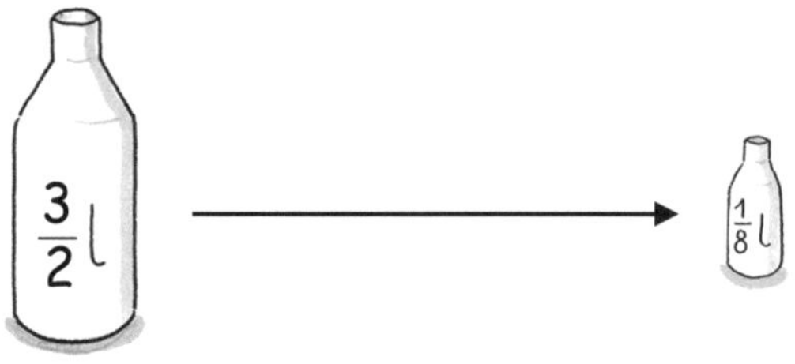

_______ mal

11. Welche Maßeinheit, schätzt du, passt zu welchem Bild? Verbinde mit Lineal und Bleistift.

5 l | 1 l | 3 ml | $\frac{1}{4}$ l | 0,5 l | 250 l

Maßkrug | Badewanne | Gießkanne | Weinglas | Milchtüte | 1 Teelöffel Medizin

12. Du möchtest ausrechnen, wie viel du über den ganzen Tag verteilt getrunken hast. Zum Frühstück hast du $\frac{1}{8}$ l Milch getrunken, in den Pausen am Vormittag insgesamt $\frac{1}{4}$ l Apfelsaftschorle. Zum Mittagessen hast du 0,5 l Wasser getrunken, am Nachmittag 150 ml und 200 ml Säfte und zum Abendessen nochmal 0,3 l Wasser.

a) Was fällt dir bei den Mengenangaben auf?

____

b) Was musst du tun, um die Aufgabe berechnen zu können?

____

c) Berechne, wie viel du am Tag getrunken hast.

____

d) Überprüfe, ob du am Tag 3 l Flüssigkeit geschafft hast. Falls ja, wie viel hast du mehr getrunken? Falls nein, wie viel fehlt dir noch bis zu den geforderten 3 l?

____

____

Name: Datum:

Forscherkarte

Die Forscherkarte hilft dir nicht nur beim Kontrollieren deiner Ergebnisse des Forscherheftes, sondern dient dir auch als Merkhilfe.

1 l = 1,000 l = 1000 ml

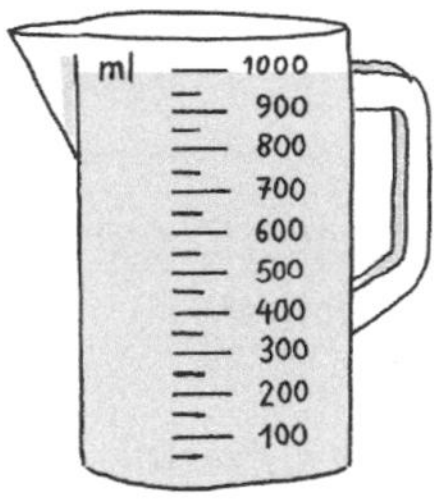

$\frac{1}{2}$ l = 0,500 l = 500 ml

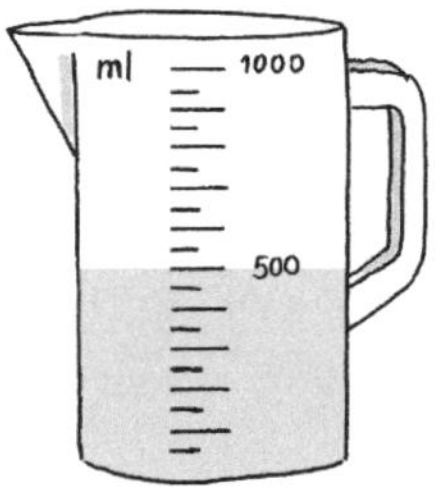

1 l = $\frac{1}{2}$ l + $\frac{1}{2}$ l = 500 ml + 500 ml

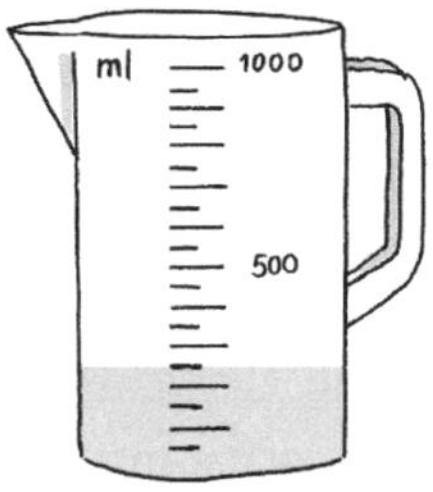

$\frac{1}{4}$ l = 0,250 l = 250 ml

1 l = $\frac{1}{4}$ l + $\frac{1}{4}$ l + $\frac{1}{4}$ l + $\frac{1}{4}$ l = 250 ml + 250 ml + 250 ml + 250 ml

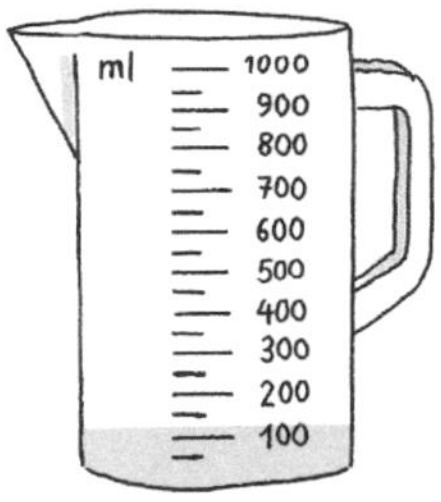

$\frac{1}{8}$ l = 0,125 l = 125 ml

1 l = $\frac{1}{8}$ l + $\frac{1}{8}$ l + $\frac{1}{8}$ l + $\frac{1}{8}$ l + $\frac{1}{8}$ l + $\frac{1}{8}$ l + $\frac{1}{8}$ l + $\frac{1}{8}$ l =

125 ml + 125 ml + 125ml + 125ml + 125 ml + 125 ml + 125 ml + 125 ml

5 Gewichte (Lerntheke)

Kompetenzen

- ▶ **Kommunizieren**
- ▶ **Argumentieren**
- ▶ **Darstellen**
- ▶ **Problemlösen**
- ▶ **Modellieren**

Kompetenzerwartung: Schätzen, Wiegen, Zuordnen, Umrechnen und Darstellung von Gewichten

Material: Forscherkarte, Tafelbild, KV 1 Laufzettel Lerntheke Gewichte, KV 2 Wie schwer sind die Inhalte deiner Schultasche?, KV 3 Gewichtsexperte, KV 4 Gewichte vergleichen, KV 5 Rechne mit g, kg und t (differenziert), KV 6 Spiel: Paare suchen (differenziert), KV 7 Gewichte ordnen, KV 8 Immer 3!, KV 9 Schätzen und wiegen, KV 10 Ergänze die richtige Gewichtseinheit, KV 11 Rechenpyramiden (differenziert), KV 12 Rechengeschichten, KV 13 Knobelaufgabe, KV 14 Gewichte-Domino

Lernvoraussetzungen

Die Kompetenzstufe „Ich kann Gewichte in unterschiedlichen Schreibweisen darstellen und umrechnen" beinhaltet in der Lernthekenarbeit zugleich die Wiederholung, Übung und Sicherung der vorausgehenden Kompetenzbereiche „Ich kann Gewichte in einfachen Bruchzahlen notieren" und „Ich kann Gewichte schätzen und wiegen". Diese Unterrichtseinheiten dienen überwiegend der Festigung des bisher Gelernten. Mithilfe eines Lernthekenplans (KV 1) können die Kinder im Feld „erledigt" eine bewältigte Übungsaufgabe abhaken und kontrollieren anschließend selbst oder im Vergleich mit dem Partner oder mithilfe der Lehrkraft ihre Ergebnisse. Die Schüler arbeiten an den einzelnen Aufgabenfeldern entweder alleine, mit dem Partner oder in der Gruppe. Alle Sozialformen sollten in der Lernthekenarbeit berücksichtigt sein.

Durchführung

Initiation

Zu Beginn der Stunde treffen sich die Schüler mit der Lehrkraft im Kinositz. Anhand einer motivierenden Situation „auf dem Markt" werden die unterschiedlichen Gewichte und Schreibweisen von Obst- und Gemüsesorten im Plenum an der Tafel wiederholt und benannt. Ein Kopfrechenspiel (vgl. Tafelbild) gibt der Lehrkraft nach der Auswertung der Ergebnisse einen zusätzlichen Überblick über den aktuellen Leistungsstand der Kinder und Hinweise, wer in der Lernthekenarbeit besonders Hilfe benötigt.

Zielangabe

Wir üben mit Gewichten an der Lerntheke.

Die Aufgabenformate werden nun den Kindern vorgestellt (sofern noch nicht bekannt) (KV 2 bis KV 14), der organisatorische Ablauf wird erläutert und der Lernthekenplan erklärt. Jetzt beginnt die eigentliche Übungszeit jedes einzelnen Schülers mit den Übungsangeboten.

Arbeitsphase

Diese individuelle Übungszeit stellt den überwiegenden Teil der Unterrichtseinheit(en) dar. Vor Beginn der Übungsarbeit fixieren die Kinder ein Lernziel der Stunde, das sie sich selbst vornehmen (z. B. mindestens drei Aufgaben ohne Fehler zu schaffen oder leise zu arbeiten oder die Hilfe von Helferkindern in Anspruch zu nehmen ...). Die Aufgaben werden entweder auf den kopierten Aufgabenzetteln oder aber im Mathematikheft bearbeitet. Nach Bewältigung jeder Aufgabe können die Schüler in Selbst-, Partner- oder Lehrerkontrolle ihre Ergebnisse überprüfen, verbessern und den Lernthekenplan ergänzen.

Differenzierung/Individualisierung

Aufgrund der Beobachtungen der Lehrkraft aus den Vorstunden ist bekannt, welches Kind zu welchem Aufgabentyp (z. B. Umrechnen von Gramm in Kilogramm mit Kommaschreibweise oder Darstellung einer Gewichtseinheit als Bruch) noch Übungs- und Förderbedarf hat. Somit sollte jedes Kind primär Aufgaben üben, die es noch nicht sicher beherrscht. In der Praxis hat es sich bewährt, dass diese Aufgaben für jedes Kind mit einem Punkt (z. B. in blauer Farbe) auf dem Lernthekenplan versehen werden, sodass die Kinder diese als Pflichtaufgaben (die zuerst zu bewältigen sind) identifizieren können. Weitere freiwillige (und motivierende) Aufgaben werden für das einzelne Kind mit einem Punkt in einer anderen Farbe gekennzeichnet. Somit erhält jedes Kind zum einen genau die

Übungsaufgaben entsprechend seinem Leistungsstand und zum anderen ist diese Organisationsform eine große Hilfe zur Entzerrung der Lerntheke, sodass nicht alle Kinder sich auf die erste und dann auf die weiteren Aufgaben stürzen, sondern alle Aufgabenformate gleichmäßig abgerufen werden. Aufgaben für leistungsschwächere Schüler sind mit einer Blume gekennzeichnet, Aufgaben für leistungsstärkere Schüler mit einem Hundebild.

Bei KV 7 ordnen die leistungsschwächeren Schüler Gegenstände (Schulsachen, Spielzeug, Alltagsgegenstände ...) von leicht bis schwer, überprüfen ihre Ergebnisse anhand der Waage und notieren die Gewichte in einer Tabelle. Der Partner unterstützt und kontrolliert. Leistungsstärkere Schüler legen die Kärtchen mit Gewichtsbezeichnungen vom leichtesten Gewicht bis zum schwersten Gewicht linear in einer Reihe aus, der Partner kontrolliert.

Die Forscherkarte „Gewichte" ist eine Hilfestellung bei der Erarbeitung der Lerntheke, stellt aber zugleich eine zusammenfassende Merkhilfe für die geforderten inhaltlichen Kompetenzen dar.

Reflexion 

Nach Abschluss der Übungseinheit reflektieren die Schüler ihr Lern- und Arbeitsverhalten sowie ihr selbstgestecktes Lernziel der Stunde und benennen Hilfen, die tatsächlich zum Erfolg geführt haben (wie z. B. ein Lehrertipp, der Hinweis eines Helferkindes, eine Tippkarte oder Lernmaterial) oder reflektieren selbstkritisch noch eigene Schwierigkeiten, die sie in der Folgestunde beheben möchten.

Forscherkarte Gewichte

1 kg	$\frac{1}{2}$ kg	$\frac{1}{4}$ kg	$\frac{3}{4}$ kg
1000 g	500 g	250 g	750 g
1,000 kg	0,500 kg	0,250 kg	0,750 kg
* 1 kg = 1 l	* $\frac{1}{2}$ kg = $\frac{1}{2}$ l	* $\frac{1}{4}$ kg = ¼ l	* $\frac{3}{4}$ kg = $\frac{3}{4}$ l
1 t	$\frac{1}{2}$ t	$\frac{1}{4}$ t	$\frac{3}{4}$ t
1000 kg	500 kg	250 kg	750 kg
1,0 t	0,5 t	0,250 t	0,750 t

Tafelbild

Kopfrechenspiel: 100 g + $\frac{1}{4}$ kg + 0,150 kg = ______ g 2 kg – $\frac{3}{4}$ kg – 0,250 kg = ______ g Wie viel g fehlen bis zu 1 kg? $\frac{1}{2}$ kg 0,450 kg 780 g	Wir üben mit Gewichten an der Lerntheke 1 kg = 1000 g $\frac{1}{2}$ kg = 500 g = 0,5 kg $\frac{1}{4}$ kg = 250 g = 0,250 kg $\frac{3}{4}$ kg = ... g = ... kg 1 kg = $\frac{1}{2}$ kg + $\frac{1}{2}$ kg 1 kg = $\frac{1}{4}$ kg + $\frac{1}{4}$ kg + ... kg + ... kg	KV 1 KV 2 KV 3 KV 4 KV 5 KV 6 KV 7 KV 8 ...

Name: Datum:

Laufzettel Lerntheke zu den Gewichten

Kopiervorlage	erledigt	Kontrolle
2 Wie schwer sind die Inhalte deiner Schultasche?		PK
3 Gewichtsexperte		SK
4 Gewichte vergleichen		PK
5 Rechne mit g, kg und t (differenziert)		SK
6 Spiel: Paare suchen (differenziert)		PK
7 Gewichte ordnen		SK/PK
8 Immer 3!		SK/PK
9 Schätzen und wiegen		SK/PK
10 Ergänze die richtige Gewichtseinheit		SK/PK
11 Rechenpyramiden (differenziert)		SK/PK
12 Rechengeschichten		PK
13 Knobelaufgabe		LK
14 Gewichte-Domino		LK

SK = Selbstkontrolle
PK = Partnerkontrolle
LK = Lehrerkontrolle

Mein Lernziel für heute lautet:

____

____

____

____

Name: Datum:

Wie schwer sind die Inhalte deiner Schultasche?

(Partnerarbeit)

1. Schätze das Gewicht deines Mäppchens, deines Mathematikbuches, deines Mathematikheftes, deiner Pausenbox, deiner Schultasche ohne Inhalt.

2. Prüfe dann durch genaues Wiegen das exakte Gewicht deiner Schulsachen und deiner leeren Schultasche.

3. Notiere deine Schätzung und dein Ergebnis des Wiegens in der Tabelle.

Gegenstand	geschätzt	gewogen
Mäppchen		
Bleistift		
Mathematikbuch		
Mathematikheft		
Pausenbox		
Schultasche (leer)		

4. Wie schwer ist deine Schultasche insgesamt? Notiere die Rechnung.

Rechnung:

5. Vergleiche dein Ergebnis mit dem Gewicht der Schultasche deines Partners. Welcher Schulranzen ist schwerer?

Name: Datum:

Gewichtsexperte

(Einzelarbeit)

Male Gegenstand und passendes Gewicht mit der gleichen Farbe an.

0,5 kg

1/2 l Milch

15 g

200 g

eine Tasse Tee

ein Apfel

1 kg

3,5 kg

1000 kg (1 t)

ein Lineal

170 g

200 g

5 Orangen

1 kg

ein neugeborenes Baby

1 l Tetrapack Apfelsaft

eine Banane

5 kg

ein Auto

Name: Datum:

Gewichte vergleichen

(Partnerarbeit)

Lest die Aufgabe und zeichnet.

Beispiel: 200 g sind leichter als 400 g.

a) 1 kg ist ____________ 1000 g. **b)** 500 g sind ____________ als 450 g.

c) Meine Schultasche ist ____________ die Schultasche des Partners.

d) Das Mäppchen ist ____________ als das Mathematikbuch.

e) Deine Aufgabe:

Name: Datum:

Rechne mit g, kg und t (differenziert)

(Einzelarbeit)

Rechne aus.

a) 260 g + 380 g = ______ 640 g + ______ = 945 g

b) 490 g + ______ = 1 kg ______ + 173 g = 838 g

c) 1 kg – 730 g = ______ 640 g + 260 g = ______

340 g + ______ = 1 kg 1 kg – 590 g = ______

590 g + 195 g = ______ 850 g + ______ = 1 kg

1 kg – 50 g = ______ 87 g + 389 g = ______

255 g + ______ = 1 kg 1 kg – 1 g = ______

d) 470 kg + 290 kg = ______ 247 kg + ______ = 913 kg

e) 670 kg + ______ = 1 t ______ + 380 kg = 1 t

f) 1 t – 540 kg = ______ 355 kg + 477 kg = ______

550 kg + ______ = 1 t 1 t – 788 kg = ______

765 kg + 211 kg = ______ 231 kg + ______ = 1 t

1 t – 97 kg = ______ 298 kg + 387 kg = ______

67 kg + ______ = 1 t 1 t – 9 kg = ______

Name: Datum:

Rechne mit g, kg und t (differenziert)

(Einzelarbeit)

a) 1,500 t + ________ t + 280 kg = 7 t 180 kg

b) ________ kg + 4,125 t + 2 t 725 kg = 10 t

c) 657 kg + 2,143 t + _____ t _____ kg = 9,100 t

d) 1537 kg + 3 t 263 kg + ________ kg = 6,0 t

e) 10 t – 5,003 t – 350 kg = ________

f) ________ t – 465 kg + 1 t 268 kg = 3,117 t

g) Aus einem Lkw mit einem Gesamtgewicht von 16 t werden 12 Paletten Wasserkästen entladen. Eine Palette trägt 25 Kästen Wasser.
Jeder Wasserkasten mit 12 l Flaschen wiegt 18 kg. Wie schwer ist der Lkw ohne Inhalt? Wie schwer ist eine Flasche?
Wie viele Tetrapacks Orangensaft mit einem Gewicht von 250 g könnte man in den Lkw aufladen, ohne das Gesamtgewicht zu überschreiten?

Name: Datum:

Spiel: Paare suchen (differenziert)

(Gruppenarbeit; alternativ: Partnerarbeit)

Mischt die Spielkarten und legt sie verdeckt auf den Tisch. Jeder darf abwechselnd zwei Karten aufdecken. Wer ein Paar gefunden hat, darf es behalten und ist noch einmal an der Reihe.

1 kg	1000 g	500 g	$\frac{1}{2}$ kg	750 g	$\frac{3}{4}$ kg
250 g	$\frac{1}{4}$ kg	1 t	1000 kg	350 g	0,350 kg
640 kg	0,640 t	1 g	0,001 kg	50 g	0,050 kg

Name: Datum:

Spiel: Paare suchen (differenziert)

(Gruppenarbeit; alternativ: Partnerarbeit)

Mischt die Spielkarten und legt sie verdeckt auf den Tisch. Jeder darf abwechselnd zwei Karten aufdecken. Wer ein Paar gefunden hat, darf es behalten und ist noch einmal an der Reihe.

1 kg	1 kg	500 g	500 g	750 g	750 g
250 g	250 g	1000 kg	1000 kg	350 g	350 g
640 kg	640 kg	1 g	1 g	50 g	50 g

© 2015 Cornelsen Schulverlage GmbH, Berlin. Alle Rechte vorbehalten.

Name: Datum:

Gewichte ordnen

 **(Einzelarbeit) oder**  **(Partnerarbeit)**

1. Ordne die Gegenstände so, dass du mit dem leichtesten Gegenstand beginnst und die Gewichte in deine Tabelle einträgst. Anschließend überprüfst du das Gewicht der Gegenstände mit der Waage.

Von leicht bis schwer	Gegenstände geschätzt	Gegenstände gewogen
1		
2		
3		
4		
5		
6		

2. Lege die Kärtchen so nebeneinander, dass die Gewichtsbezeichnungen immer schwerer werden. Beginne mit dem leichtesten Gewicht. Notiere die Gewichtsangaben dann sortiert.

____

____

5 g	0,5 kg	50 g	750 g	1,5 kg
1,005 kg	1,050 kg	1 kg 450 g	15 kg	1 t

Name: Datum:

Immer 3!

 **(Einzelarbeit) oder**  **(Partnerarbeit)**

Ergänze die Tabelle so, dass ein Gewicht immer in drei verschiedenen Möglichkeiten dargestellt wird. Beispiel: 250 g = 0,250 kg = 0 kg 250 g

g	kg	kg und g
250 g	0,250 kg	0 kg 250 g
1450 g		
	7,5 kg	
		1 kg 5 g
2050 g		
	1/4 kg	
	1 1/2 kg	

Name: Datum:

Schätzen und wiegen

 **(Einzelarbeit) oder**  **(Partnerarbeit)**

In den Streichholzschachteln befinden sich unterschiedlich schwere Gegenstände (z.B. Streichhölzer, Perlen, Sand, Zucker, Papier ...). Die Schüler schätzen das Gewicht mit der Hand, vergleichen die Gewichte der einzelnen Schachteln und reihen sie (beginnend mit der leichtesten Schachtel) nebeneinander auf. Differenzierung: Leistungsstärkere Schüler notieren das gewogene Gewicht in unterschiedlichen Schreibweisen (z.B. in g sowie als Kommazahl in kg).

Streichholzschachteln schätzen und wiegen

Die Streichholzschachteln sind unterschiedlich schwer. Schätze ihr Gewicht mit den Händen und sortiere sie von links nach rechts (links ist die leichteste Schachtel). Wenn du dir unsicher bist, kannst du mithilfe der Kleiderbügelwaage (oder einer anderen Waage) das Gewicht der beiden Schachteln vergleichen.

Name: Datum:

Ergänze die richtige Gewichtseinheit

 **(Einzelarbeit) oder**  **(Partnerarbeit)**

Eine Birne wiegt 180 ____. Ein Auto wiegt etwa 1 000 ____ oder 1 ____.

Eine Scheibe Brot wiegt 50 ____ oder ____ kg.

Ein Koffer darf beim Einchecken am Flughafen höchstens 20 ____ oder 20 000 ____ schwer sein.

1 l Milch wiegt ____. $\frac{1}{4}$ l Wasser wiegt ____.

1 Pfund Mehl wiegt 250 ____. Mama kauft 5 ____ Kartoffeln im Sack.

Eine volle Regenwassertonne mit 300 l Inhalt wiegt 0,3 ____.

Ein Schulkind wiegt etwa 30 ____.

Name: Datum:

Rechenpyramiden (differenziert)

(Partnerarbeit)

Schneidet die Pyramide auseinander. Legt dann die kleinen Dreiecke so, dass die passenden Gewichtsangaben gegenüber liegen und ein großes Dreieck entsteht.

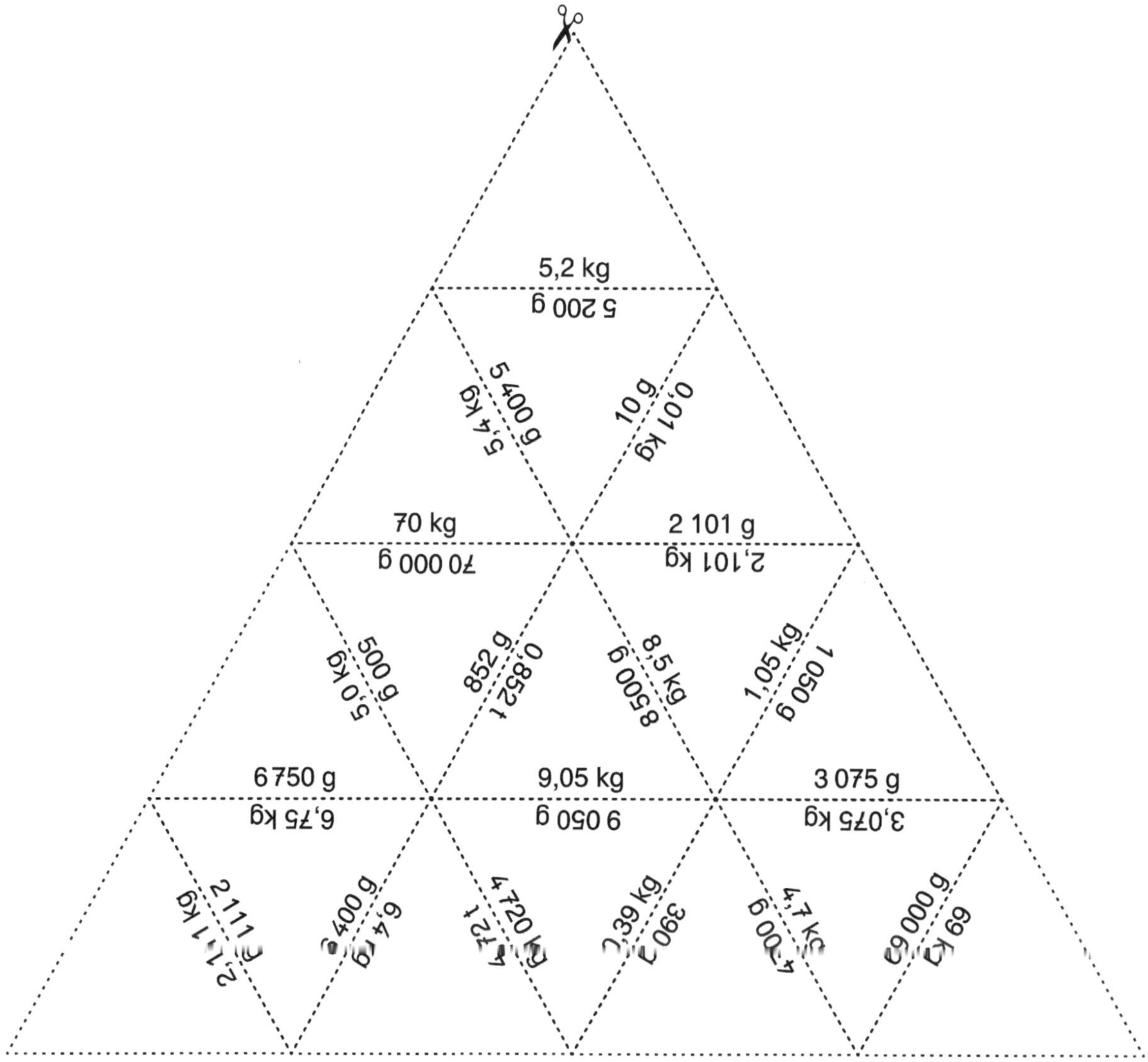

Name: Datum:

Rechenpyramiden (differenziert)

(Partnerarbeit)

Schneidet die Pyramide auseinander. Legt dann die kleinen Dreiecke so, dass die passenden Gewichtsangaben gegenüber liegen und ein großes Dreieck entsteht.

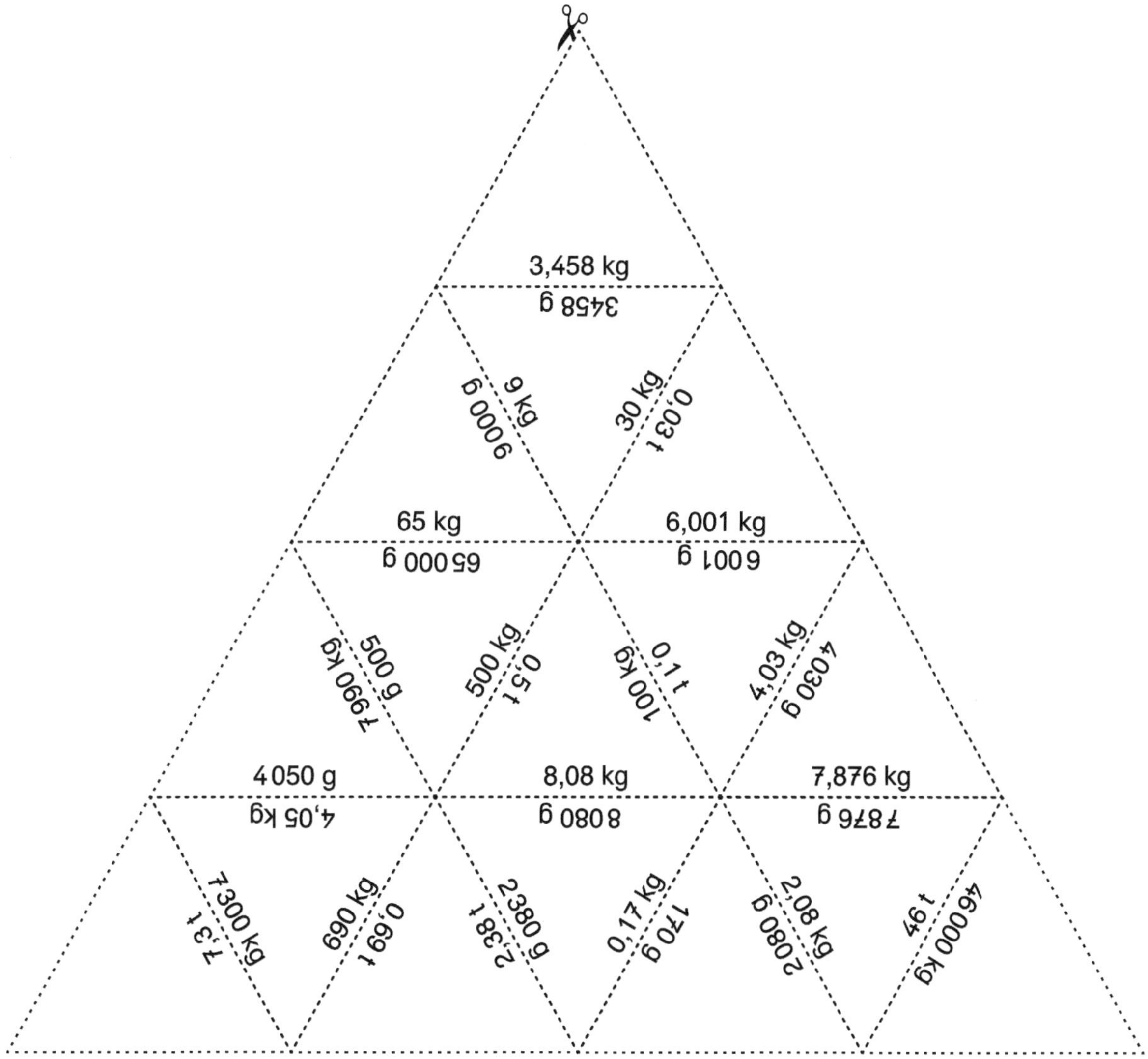

Name: Datum:

Rechengeschichten

(Einzelarbeit)

a) Was darf alles in deine Schultasche?

Deine Schultasche soll nicht schwerer als 4 kg sein. Deine leere Schultasche wiegt 1,5 kg und du möchtest möglichst viel mitnehmen. Hefte hast du 15 Stück, Schulbücher 8.

b) Wie viel wiegen die Süßigkeiten, die Mama zur Geburtstagsparty einkauft?

Mutter kauft für deine Geburtstagsfeier 1,5 kg Erdnüsse, 250 g Chips, $\frac{3}{4}$ kg Schokolade und 340 g Gummibärchen.

____

c) Wie viel Wurst bleibt übrig?

Deine Familie hat zum Abendbrot 2800 g Mettwurst. Mama schneidet zuerst 240 g, Papa $\frac{1}{2}$ kg und dein Bruder 0,125 kg ab. Du bekommst 100 g Wurst.

Name: Datum:

Knobelaufgabe

(Einzelarbeit)

Sind alle Kinder deiner Klasse zusammen genauso schwer wie das Auto deiner Klassenlehrerin? (Das Auto wiegt etwa 1000 kg.)
Rechne auf einem Extrablatt.

Name: Datum:

Gewichte-Domino

(Einzelarbeit)

0,075 kg	0,750 t	3,7 kg	1 kg	66 kg
6 500 g	4 500 mg	2 000 kg	8 200 kg	0,021 g
6,5 kg	4,5 g	2 g	8,2 t	21 mg
1 500 kg	550 mg	0,005 kg	5 623 mg	0,070 t
1,5 t	0,55 g	5 g	5,623 g	70 kg
0,066 t	75 g	750 kg	3 700 g	0,001 t

6 Portfolio: Meine letzte Seite

Name: Datum:

Größen und Messen: Was gehört zusammen?

Male die zusammengehörigen Teile in der gleichen Farbe an.

Hohlmaße

Geld

60 – 3 600 – 86 400 – 24

ct / €

100 – 1000

100

Längen

10 – 100 – 1000

ml – l – hl

mg – g – kg – l

1000

ZEIT

s – min – h

Name: Datum:

Portfolio – Selbsteinschätzungsbogen

Das habe ich alles im Bereich „Größen und Messen" gelernt: Male farbig an, was du geschafft hast und kreuze an, wie es dir dabei ergangen ist.

Größe	So erging es mir beim Üben und Erproben	☺	😐	?	☹
Längen	Ich habe mit Fingerspannen, Ellbogen, Fußlängen und Schritten gemessen.				
	Ich bin 1 km abgegangen und habe den Kilometer mit dem Meter-Rad abgemessen.				
	Ich kann mein Klassenzimmer und Schulgegenstände in m und cm genau abmessen.				
	Ich kann kleinere Schulsachen in cm und mm genau abmessen.				
	Ich kann schätzen, wie lang etwas ist.				
	Ich kann Längen mit Kommazahlen schreiben.				
	Ich kann Längen in verschiedenen Schreibweisen (z.B. in m und cm oder als Kommazahl) notieren.				
	Ich kann Längen überschlagen und Sachaufgaben mit Längenangaben lösen.				
	Ich kann Fermi-Aufgaben zu Längen bearbeiten und meinen Lösungsweg erklären.				
Geld	Ich kann schätzen, wie teuer verschiedene Dinge sind.				
	Ich kann Geldbeträge schätzen, wenn ich die Münzen/Scheine sehe.				
	Ich kann Geldbeträge auf unterschiedliche Arten mit Münzen und Scheinen legen.				
	Ich kann Geldbeträge von € in ct und umgekehrt umrechnen.				
	Ich kann Geldbeträge in Kommaschreibweise aufschreiben.				

Name: Datum:

Größe	**So erging es mir beim Üben und Erproben**	☺	😐	?	☹
	Ich kann Geldbeträge runden.				
	Ich kann in Sachaufgaben Geldbeträge überschlagen.				
	Ich kann exakt mit unterschiedlichen Geldbeträgen rechnen.				
	Ich kann Fermi-Aufgaben zum Geld bearbeiten und meinen Lösungsweg zeichnen und erklären.				
Zeit	Ich kann schätzen, wie viele Tage, Stunden, Minuten und Sekunden etwas dauert.				
	Ich kann die Zeit mit verschiedenen Uhren messen.				
	Ich kann Zeiteinheiten unterschiedlich aufschreiben (in Minuten oder in Std und Minuten).				
	Ich verstehe Zeiteinheiten, wenn diese als Bruch geschrieben stehen und kann dies umrechnen.				
	Ich kann mit unterschiedlichen Zeiteinheiten rechnen und so Sachaufgaben lösen.				
	Ich kann Uhrzeiten korrekt ablesen.				
	Ich kann die Zeitdauer sowie einen Anfangs- oder Endzeitpunkt genau berechnen.				
	Ich kann Fermi-Aufgaben mit Zeiteinheiten bearbeiten und meinen Lösungsweg erklären.				
Hohlmaße	Ich kann durch Umschüttversuche Flüssigkeitsmengen berechnen.				
	Ich kann Hohlmaße schätzen und Behälter zuordnen.				
	Ich kann Flüssigkeitsmengen mit verschiedenen Hohlmaßen genau abmessen und ablesen.				

Name: Datum:

Größe	So erging es mir beim Üben und Erproben	☺	😐	?	☹
	Ich kann Hohlmaße in Brüchen schreiben und verstehe Bruchangaben.				
	Ich kann verschiedene Hohlmaße umrechnen.				
	Ich kann mit unterschiedlichen Hohlmaßen in Sachaufgaben rechnen.				
	Ich kann Fermi-Aufgaben zu Hohlmaßen bearbeiten und meinen Lösungsweg erklären.				
Gewichte	Ich kenne unterschiedliche Waagen, weiß, was ich womit ablesen kann und kann das Gewicht korrekt ablesen.				
	Ich kann Gewichte schätzen und genau abwiegen.				
	Ich verstehe Gewichtsangaben in Bruchschreibweise und kann selbst Gewichtseinheiten als Bruch schreiben.				
	Ich kann unterschiedliche Gewichtsangaben umrechnen (z.B. von kg und g in g).				
	Ich kann Gewichtsangaben in Kommaschreibweise notieren.				
	Ich weiß, wie viele ml und l den Gewichten entsprechen.				
	Ich kann Sachaufgaben mit verschiedenen Gewichtsbezeichnungen lösen.				
	Ich kann Fermi-Aufgaben zu Gewichten bearbeiten und meinen Lösungsweg erklären.				

Literaturverzeichnis

- Boesten, J.:
  Die Mathe-Knobel-Kartei Fermi-Aufgaben Klasse 3–6.
  Mühlheim an der Ruhr 2013

- Dolenc-Petz, R./Ihn-Huber, P. (Hrsg.):
  Gute Aufgaben für den Wochenplan. Mathematik 3/4. Größen.
  Berlin 2013

- Dübgen, K.:
  Mathematik Messen und Größen 3./4. Schuljahr.
  Berlin 2014

- Hübner, K./Kögel, J./Wunder, S.:
  Kompetenzorientiert Unterrichten in der Grundschule. Mathematik 3/4.
  München 2014

Projektleitung: Amira Sarkiss
Redaktion: Daniela Brunner, Korschenbroich
Illustration: Kristina Klotz, München
Foto: Fotolia/© diewalther (S. 20/21)
Umschlagkonzept: Mendel & Oberer, München
Umschlaggestaltung: Torsten Lemme – LemmeDesign, Berlin
Technische Umsetzung: krauß-verlagsservice, Niederschönenfeld

www.oldenbourg.de

1. Auflage, 1. Druck 2015

Alle Drucke dieser Auflage sind inhaltlich unverändert und können im Unterricht nebeneinander verwendet werden.

Druck: DBM Druckhaus Berlin-Mitte GmbH

ISBN 978-3-637-02285-0

PEFC
PEFC/04-31-2206

PEFC zertifiziert
Dieses Produkt stammt aus nachhaltig bewirtschafteten Wäldern und kontrollierten Quellen.
www.pefc.de